子育て 算数レシピ

赤ちゃんから小学生まで！
算数に役立つ働きかけ 36

Tanaka Maki
田中真紀

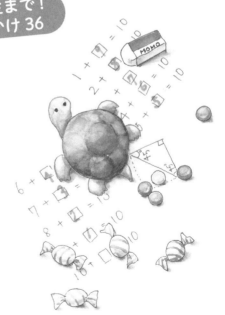

論創社

は じ め に

私はなかなか理解のおそい子を育てました。
赤ちゃんの時から、一般の発達目安より遅く、いつも心配でした。

なんとか脳を発達させよう

と思い、できるだけ多くの刺激を与えるようにしていました。そしてどうせ刺激を与えるなら、今、時間のあるうちに、あとで勉強の役に立つように「算数的な働きかけ」をしようと考えました。
「数を数える」から始め、足し算や引き算、掛け算、割り算につながることまで、

年齢に関係なく教えてしまおう

と、息子に日々「働きかけ」をしていました。そのころの私は、「学力の貯金」をめざしていたのかもしれません。とにかく毎日、たくさんの刺激を与え、脳を発達させようとしていました。

息子が小学校に行くようになると、あんなに毎日いろいろ教えていたのに、

教え足りていないことがたくさんあった

とびっくりしました。
「こんなこともわかっていなかったのか、それなら教えておけばよかった」

「こんな勉強をすることになるなら、もっとこんな風にやっておけば
よかった」
こういうことがたくさんありました。

息子が中学受験を終えて中学生になった時に、そのことを、これか
ら子育てをしていくお母さんたちに教えてあげたいと思うようにな
りました。
「こんなことをしておけば、あとで算数の役に立ちますよ」
「塾に行く前に、

家でできることがたくさん

ありますよ。塾代の節約のつもりで、おうちでちょっとやってみま
せんか」
というのが私の提案で、15年間、毎月1回、家の近くで「働きかけ
教室」のようなセミナーをしています。

子どもたちは、小学校から高校まで（としても）12年間、毎日毎日
学校へ行って勉強をします。そしてその勉強の理解度をテストなど
で評価されています。そのため、勉強の出来不出来、テストの点の
良し悪しが、その子どもの人生を通しての

自己肯定感やセルフイメージの高さ

に影響してしまうことがあります。
子どもが学校へあがる前に、おうちで勉強の下準備をしておき、余
裕をもたせて学校の勉強にのぞませてあげること、なかでも算数に
自信をもたせることで、セルフイメージの高い子に育ちやすいので
はないかと考えています。

算数の勉強ができない、わからないという理由で子どもたちの自己肯定感が損なわれることがないように、というのが私の願いで、それがこの本をつくるきっかけとなっています。

私自身は算数・数学が得意だったわけでもなく、教育の専門家でもありません。この本で紹介する「働きかけ」のアイデアは、ひとりの母親として気づき、発見したことを、私なりのやり方で続けてきた

経験から生まれた方法

です。内容も場面も、家庭の日常生活のなかにあるもので、特別な理論や裏付けに基づいたものではありません。幼児教育の教室や学校などの指導法と違う、と思う方もいるかもしれませんが、あくまでもひとりの母親の実践例として受け止めてください。

また、子どもに「働きかけ」をする人は家庭によってさまざまだと思いますが、本文中では便宜上、「ママ」としてあります。働きかけの場面を「ママ」と「子ども」のやり取りとして表現していますが、もちろん、お父さんでもおばあちゃんでも、

だれが行ってもよい

のです。

「働きかけ」は、お勉強とは違います。子育ての延長の、ちょっとしたことを話しかけて、気づかせ考えさせる行いです。そしてそのほとんどは「言葉かけ」で始まります。ですから、この本には「ママ」が「子ども」に問いかける言葉例がたくさん出てきます。きっかけ

があったら、ご自分が知らないことでも問いかけをし、その答えを子どもと一緒に考えてみてください。

成果に神経質にならずに

のんびり、楽しく、こまめに、くり返し

やってみてください。好奇心旺盛な子どもの目は、きっと新しいことを知る喜びに輝いているでしょう。その喜びを見て私たちも嬉しくなるのです。

子育ては長い道のり

で、なかなか答えは出ません。でも、長い道のりだからこそ、私たちが受けとる学びも喜びも、より大きくより印象的になるのです。

どうか、楽しみながらこの「働きかけ」をしてください。

お子さんの10年後、20年後の姿

を思い描きながら。

田中　真紀

子育て算数レシピ●目次

＊本文中の会話文『　』の太字の箇所は、ママの「働きかけ」の言葉です。

仲間分けをしてみよう

種類を見分ける

同じ種類の物をいろいろ並べて、仲間と違うものを見つけさせます。
たとえば、ミニカーがいくつかある中に、スプーンを１つ置いておく、赤
いものがたくさんある中に、白いものがある。動物のグループに、果物
が１つある、など。それぞれの属性をなんとなく知ることが目的です。

感覚を養うことが大事

子どもは算数の問題を考える時に、速さと時間を足してしまうなど、属性がわかっていないための間違いをすることがあります。
「仲間分け」は、算数には必要な感覚なのです。

たとえば、速さの問題で出てくる三要素、「速さ」「時間」「道のり（距離）」では、「時間」と「時間」、「距離」と「距離」は足せますが、「速さ」と「速さ」は足せません。
もちろん、「時間」と「距離」や、「速さ」と「時間」を足すこともできません。
平均時速を求める問題では、速さどうしを足して2で割ることができないので、合計時間と合計距離を求めてから、平均時速を計算することになります。
（☞ P.92　参考問題①）

このような時に、なんとなくでも、「速さは足せない感じがする」と思う感覚を養うことが、この、「仲間分け」の働きかけの目的になります。

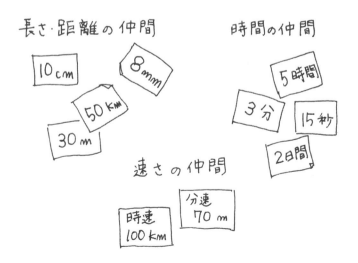

コラム 古今東西　〇〇の仲間

『古今東西　〇〇の仲間』という
ゲームを知っていますか？

たとえば、『**古今東西　果物の仲間**』と、お題を出したら、
参加している人が順番に果物の仲間の名前を言っていきます。

「りんご」

「いちご」

「みかん」

「キャベツ」

『ブッブー！キャベツは野菜です〜』

こんな感じで進みます。

もし、だれかが、「アボカド」と答えたら、

『？？？　アボカドって、果物？』

という議論になるでしょう。

このように、子どもと遊びながら、属性を考える。

正解をきびしく追及する必要はありません、子どもが、「これは果物の
仲間かな？」などと、属性について考えることに意味があるのです。

古今東西　乗り物の仲間

古今東西　飲み物の仲間

古今東西　植物の仲間

古今東西　分けられるものの仲間（人や車などは分けられません）な
どなど、いろいろとやってみましょう。

電車で遠くに行く時など、時間を持てあましている時は、物の名前の
知識も増えるし、頭の体操にもなるし、こんな遊びもいいと思います。

条件に合ったものをベン図（集合を視覚的に図式化したもの）の中に書き込む遊びもやっておくといいと思います。（☞ P.92　参考問題②）一例をここに書いておきます。

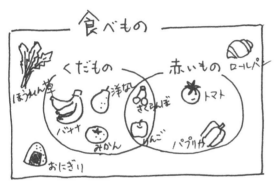

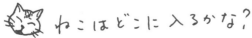

「次」は何かな？

規則性を考える

物の並びから規則性を読み取り、次を予測させることをしましょう。
おもちゃや、家にある物を並べて、『**「次」は何かな？**』と聞いてみましょう。

絵を描いてもいいです。

少し複雑にしてもいいでしょう。

数字を並べて、空欄に入る数字を考えてみましょう。

1　　2　　3　　☐　　5　　6　　☐　　8　　9　　10　……

1　　1　　2　　2　　3　　☐　　4　　4　　☐　　5　　☐　　6　……

2　　4　　6　　8　　☐　　12　　14　　☐　　18　……

☐　　10　15　20　25　☐　　35　40　☐　……

100　☐　　300　400　☐　　600　……

1　2　3　1　2　3　☐　　2　3　1　☐　　3　☐　　2　3　……

ちょっと難しくしてみましょう。

1　　2　　2　　3　　3　　3　　4　　4　　4　　☐　　5　……

1　　2　　4　　7　　☐　　16　　22　　29　……

1　　4　　9　　16　　25　　☐　　49　　64　……

いろいろと工夫し、何回でもやってみましょう。
（☞ P.93　参考問題③、④）

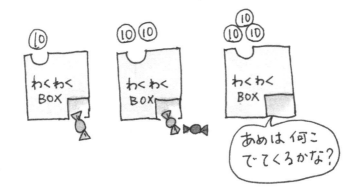

17

いち、にぃ、さん…

数唱をすらすら言う

まずは、ママが言って聞かせ、その後、子どもと一緒に言い、後にひとりですらすら言えるように何回もやります。初めは 1 〜 10 まで、

1、2、3、4、5、6、7、8、9、10

最後の、「**じゅー**」の時に、楽しそうに、声を上げて言いましょう！

10 まですらすら言えたら、次に 1 〜 20 まで、そのあと、1 〜 120 まで。

100 の次の 101 が子どもは出ないものです。

120 のあとは 150 や 200 や 300 まで、どこまででもやってみたいです。

お風呂の中、お買いものの時に歩きながら、など、いつでも数唱をしましょう。

身のまわりのものを数える

テーブルの上のみかん、お皿の中のいちご、袋の中の飴、目や鼻や体の部位の数、指の数、服のボタン、ミニカー、レゴのピース、積木の数、パパのネクタイの数、拾ったドングリ、歩きながら見える街路樹、マンホールなどなど。

『そうちゃんの拾ったドングリは何個だったかな？』
『ここからおうちまで、いちょうの木が何本あるか、数えてみようか』
『丸いマンホールだけ、何個あるか数えてみようか』
『おうちに着くまでに赤い車を何台見るか数えてみよう！』

などなど、無限にあります。『今週は数えてみよう週間！』って感じで。

数の大小の確認

ドングリなど拾ったら、ママの右手に5個、左手に2個のせて
『**どっちが多い？**』と聞きます。

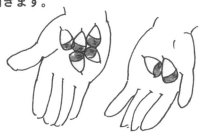

子どもに指ささせ、『**じゃあ、数えてみようか**』と、片方ずつ数える。

次に、右手に8個、左手に9個のように、一見しただけではどちらが多いかわからない問いかけもして、数えてみて、どちらが多かったかを知る、ということを、いろいろな場面でやってみましょう。

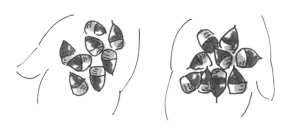

感覚ではなく、実数で多い方を表す、ということです。
小さなチョコなどを2つの皿に分けて選ばせてみましょう。子どもは真剣に数えます。

どっちがいい？

にぃ、しぃ、ろぅ、やぁ、とぉ…

飛び数唱にトライ

2、4、6、8、10、12、……（にぃ、しぃ、ろぅ、やぁ、とぉ……）。物を数える時などに使う、2ずつ増える数唱で、200くらいまで数える。これは偶数であり、2の段でもあるので、あとあと役に立ちます。物を数える時に使って、生活のなかに取り入れましょう。

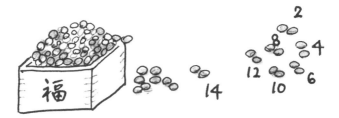

その次は、5、10、15、20、……と、**5ずつ増える数唱**、10、20、30、40……と**10ずつ増える数唱**、25、50、75、100、125、150、175……と、**25ずつ増える数唱**、その他、20ずつ、100ずつ、500ずつなど、いろいろやってみましょう。

逆から数唱にもトライ

まずは、10から0まで数えます。

10、9、8、7、6、5、4、3、2、1、0

と、3から先は少しずつ声を大きくし、ついに0になった！　というように数えると何かワクワクします。

10 から 0 がすらすらできたら、**100 から 0、200 から 0、1000 から 0 など**と、大きい数から 0 まで戻る。

また、1000 から戻る時などは、10 ずつ戻る、50 ずつ戻るなど、飛び数唱と同じように工夫をすると理解の幅が広がるでしょう。

ここが大事だニャ〜

→飛び数唱も逆から数唱も、**すらすら言えるようになってから次の事をやってみる**ようにしましょう。何回も何回も繰り返すことにより定着するので、もうできるな、と思ってからさらに 10 回はやるくらいの気持ちで。

→逆から数唱の、0 に近づくドキドキ感を利用して、なかなかお片づけしない時などに使ってみると楽しいです。
「10 数えるうちに片づけないと、こちょこちょですよ〜」と言い、「10、9、8、7…」と徐々に声色も緊迫感を出して子どもに近づき、ついに、「0（ゼロ）!!」となった時にくすぐり始める、なんて感じで。

合わせて10

「合わせて10」を言う

ママが　1　と言ったら、子どもが　9　と言う。
ママが　2　と言ったら、子どもが　8　と言う。
ママが　6　と言ったら、子どもが　4　と言う。

もちろん初めはわかりませんので、教えます。
10は、1と9、2と8、3と7…に、分けられることを教えます。

両手を見せてもいいし、知育玩具で10個の玉や100個の玉が左右に動
くものがあります。そうした道具を使ってもいいでしょう。とにかく、
合わせて10になる組み合わせをすぐに言えるようにします。
何回も何回も、お買いものの時でも、
幼稚園に向かう道々でも、
いつでもちょっとやってみる。
大切なのはスピードです。
子どもが瞬時に言えるようになればOKです。

次は「合わせて100」

ママが　20　と言えば、子どもが　80　と言う。
ママが　1　と言えば、子どもが　99　と言う。
ママが　8　と言えば、子どもが　92　と言う。
ママが　25　と言えば、子どもが　75　と言う。

これは、100から引く引き算と同じことで、頭の中で100を2つに分け

ることができるようになるのです。

しかし、引き算をするのではなく、覚えてしまう感じでいいです。

これがすらすらできると、のちに算数で計算をする時など、本当に楽になります。

おまけで、「合わせて1」 合わせて 1 の 組み合わせ

『合わせて1をやるよ〜』

ママ 「0.1」 子ども 「0.9」

ママ 「0.5」 子ども 「0.5」 ……

きちんと、「れいてんイチ」「れいてんキュウ」と言いましょう。

意味がわからなくても大丈夫、小数を耳に入れておくことが大事です。

ここが大事だニャ〜

→意味がわからなくても、言葉を知っている、ということは大切です。「合わせて1」などは、「合わせて10」ができるとすぐできます。

「あ、数字の前に"れいてん"をつければいいんだな」

と気がついて、とりあえず「れいてん○○」と言うかもしれません。

"れいてんイチ"という言葉に慣れて、合わせると1になるということを知っておくだけで、学校で小数が出てきた時にすんなりと入れるのです。

→ 「聞いたことある」「見たことある」「名前を知っている」

この気持ちが授業を楽にします。働きかけはそういう目的があります。「れいてんイチ」と言いながら、紙に 0.1 と大きく書いて見せましょう。

かたち探し

四角形と丸の形を教える

子どもは初め、どんな四角も、「四角形」と呼ぶでしょう。

家の中でも、お買いものに行く道々でも、「かたち探し」をしましょう。

『家の中の四角いもの見つけて』

『四角いマンホールを探して踏んで行こう！』

『丸いものを探そう！』

などと声かけして、形の見分けをします。

本の表紙、机の天板、テレビの画面、窓、……四角はたくさんあります。

時計、コップ、ボタン、ジャムの瓶の蓋、道路標識、満月、……丸も探すと小さいものから大きいものまであります。

球も丸としてカウントしてもいいでしょう。その時は、『**丸は丸でも、それは球（キュウ）ね〜**』と、付け加えておくといいと思います。

しばらくは、「かたち探し」をやって、子どもが持ってきたいろいろな形のものを、これはどうなんだろう、と話をすることも形を考えるきっかけになるので楽しいです。

三角形を探す

折り紙や、画用紙などの四角形を、対角線で切ると、三角形ができます。子どもの目の前で切って、『三角形ができた〜』 と、見せます。

『三角形探しをしよう！！』

積木にも三角形があるでしょう。食パンを三角に切って出してみたり、折り紙やハンカチを半分に折って、『三角ができたよ』などなど、家の中、町の中で、三角形を探してみましょう。

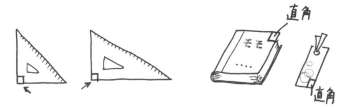

直角を探す

三角定規はぜひとも用意しておきたいものの１つです。三角定規は２種類がセットになっていて、三角形の基本が詰まっています。

三角定規は２本とも１つの角が直角（90度）になっているので、『この角度は直角っていうんだよ』と教え、三角定規を持って、『直角探し！』をやりましょう。

本の角、テーブルの角、ティッシュの箱……たくさんあります。三角定規を当ててみて、直角かどうか確かめるのです。

何個買えばいい？

合計でいくつ？

お買いものに行く時、おでんの具をそれぞれいくつ買うか、私たちは考えますね。それを子どもにやってもらいましょう。手伝ってくれる？という感じで考えてもらいます。

『ちくわ、ひとり1本食べるとしたら、何本買えばいいのかしら？』
『イカボール、ひとり2個だったら、何個買えばいいのかしら？』
こんな質問をして、必要な数、合計を考えてもらいます。

ひとり2個で4人だから……と、子どもは足すことを繰り返すでしょう。最後に、『2×4で8だね』と、独り言のように、かけ算の式で言いましょう。「聞いたことある」「同じ数の足し算は掛け算で言える」と、なんとなく耳にするだけでOK。

『バナナ、毎日4本だから、あさっての分まで買うと何本必要？』
『バナナひと房5本だから、何房買えばいいのかしら？』

私たちは日常、こんな計算をしながら買いものしていますが、声に出していません。子どもと一緒にいたなら、声に出して言い、一緒に考えてもらいましょう。これを毎日のようにしていたら、生活のなかで算数のお勉強をしているのですから、学校で出題された場合でもイメージできるようになると思います。

皆に何かを配った時など、
『パパが4個、ママが3個、かなちゃんが2個、全部でいくつだった？』
と聞いてみて、数えさせてみましょう。

合計するという場面を何回も体験することにより、「足す」という行為がイメージできて、算数で足し算が出てきた時に、何をやっているのかがわかります。
足し算の式の意味、場面が、本当のところで理解できるのです。

８６５円をつくってみよう

お金で、5のかたまり、10のかたまりを見る

1円玉、5円玉、10円玉、50円玉、100円玉、500円玉を
たくさん用意します。
そして、こちらが指定した金額をつくってもらいます。

『ママに10円ちょうだい』
『20円ちょうだい』……
始めは、10円、20円と増やしていきます。
50円になった時に、
『この50円、50円玉と両替してくれる？』
などど言い、10円玉5個と50円玉1個は同じであることを教えます。

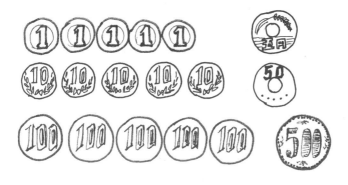

いろいろな金額を言って、**数字を紙に書き**、子どもにその額をつくって
もらいましょう。70 円は、10 円玉 7 個でもいいし、50 円玉と 10 円玉
2 個でも OK です。

100 円、200 円と金額を増やして、1000 円までいきます。
そこで 1000 円札も登場です。

52 円とか、128 円とか、865 円とか、細かい金額や、
1028 円などという、飛んでいる単位のある金額も面白いでしょう。

同じ金額をつくるのに、たくさんの組み合わせがあることも知ることが
できるでしょう。
1000 円など無限にありそうです。
どんな組み合わせでも間違いではないですから、いつもほめましょう。

『なるべく少ないコインの数でつくって』などとリクエストするのもいい
でしょう。
（☞ P.94　参考問題⑤）

お店屋さんになる　part1

コインをたくさん用意して、子どもにお店屋さんをやらせてみる

『そうちゃんのお店は何を売るの？』
まず、商品を並べさせます。おもちゃでもいいし、お菓子でもいいし、本でもいいです。

『これは、いくらですか？』
値段を子どもに決めさせましょう。
『これくださいな』
『はい、30円』
『ありがとうございます』
このやり取りも勉強になります。

子どもが30円と言った商品に、50円玉や100円玉を出して、**おつり**をもらうこともやってみましょう。

おつりの計算が難しいようだったら、
『**100円玉は10円玉何個分だっけ？**』
と問いかけ、一緒に考えてみましょう。
（P.22の「合わせて100」をやっていると、おつりの計算はすぐできるようになるでしょう）

200円の商品に、1000円札を出しておつりをもらうなど、大きいお金のやり取りもやってみましょう。

ここが大事だニャ～

→ここでの目的は、**5** のかたまり、**10** のかたまり、**100** のかたまりを知ることです。

100 円玉 5 個は 500 円玉に置き換えられる、これを目で見ることにより、以後、頭のなかでもその置き換えができるようになるのです。

また、音で聞いた数字を、紙に書かれた数字として見る、またそれを物で見る。このことにより数字の大小などがイメージしやすくなるのです。

→小学校 4 年生くらいに、

「100 ÷ 2 は？」と聞いてみると、筆算（ひっさん）を始める子がいます。でも、「100 円をふたりで分けたら？」と聞くと、即座に「50 円！」と言います。

これは、物や場面がイメージできると簡単に解けるということです。

本来算数は、生活のなかで必要なので学んでいるのです。

学校で教科書やノートで計算を学ぶ前に物を使って実体験しておくと、理解が早くなると思います。

お買いものの時に意識して働きかけてみましょう。

覚 え て し ま お う

覚えていると便利な計算

覚えてしまうように、何回も、いろいろな聞き方をして、覚えさせてしまいましょう。

10 が 10 個で 100

$$100 \div 10 = 10$$

20 が 5 個で 100

$$100 \div 5 = 20$$

25 が 4 個で 100

$$100 \div 4 = 25$$

50 が 2 個で 100

25 が 2 個で 50

大人にとってはわかって当たり前のことですが、子どもは、100 ÷ 4 は？と質問されると筆算を始めます。

上記の計算くらいは覚えておくと楽です。

これらを覚えておくと、のちに、分数を小数にする計算などもすぐに理解できます。

$\dfrac{1}{2}$ は 0.5

$\dfrac{1}{4}$ は 0.25

$\dfrac{1}{8}$ は 0.125

上記も覚えておくといいでしょう。

左記の「25が4つで100」などを覚えていると、分数を約分する時にも便利で早いです。

$$100 \div 2 = \square$$
$$50 + 50 = \square$$
$$10 \times 10 = \square$$
$$100 \div 4 = \square$$
$$25 + 25 = \square$$
$$50 \times 2 = \square$$

こんな工夫もあるニャ～

→模造紙がテーブルクロス！

生活のなかでいつでもちょっと教えてあげられるように、私はいろいろと工夫をしていました。

その1つに、テーブルクロスを模造紙にする、があります。

教えたいこと、覚えたいこと、説明したいことなど、すぐ書けるし、また、それを見ながら何日かご飯を食べたりできるので、学びの定着を助けることになります。

算数の式や図、漢字など、何でもです。

たとえば、『100円をふたりで分けたら？』と質問し、テーブルクロスの模造紙に、100 ÷ 2 = 50　と、書きます。

桜が咲き始めたころには、桜　という漢字を書いておいてもいいでしょう。九九のなかで、7 × 9 がどうしてもひっかかってしまうなんて時は、7 × 9 = 63　と、大きく書いておくなど、テーブルの上は自由に使える黒板みたいに使っていました。

何個残る？

今ある数からいくつか引いたら、何個残る？

生活のさまざまな場面で子どもに問いかけることができると思います。
まずは今ある個数を数えさせてもいいでしょう。

『みかん 10 個あるね、今日 3 個食べたら何個残る？』
実物のみかんを使い、10 個出し、3 個よけて、残りを数えてみます。

目的は、①引く体験　②残りを見る　③「残り」という言葉を知る　です。

同じみかんを使って、
『明日も 3 個食べたら、いくつ残る？』

と、引いた残りからまた引く、これもやってみましょう。

『500 円のおこづかい、100 円使ったらいくら残る？』
『また 300 円使ったら、残りはいくら？』
実際にお金を見ながら、使って引いて、残りを見る。

『100 ページのノート、10 ページ使ったら、あと何ページ残る？』

これは、「合わせて 100」（P.22）ができていればできます。

なくなるまでに何日かかる？

こんな質問もしてみてください。

『3個のりんご、毎日1個食べたら、何日でなくなる？』
『10個のりんご、毎日2個食べたら、何日でなくなる？』
『100ページの本、毎日10ページ読んだら何日で読み終わる？』

いろいろな場面でやってみましょう。

(☞ P.94　参考問題⑥)

「0（ゼロ）」を認識する

『3個のみかんがあって、3個食べたら残りは？』 と聞いて、

「なくなる……」と、答えたら、

『ゼロ個だね』と言って、ゼロという言葉と意味を体験させましょう。

12

九九も逆からの九九も

九九は覚える

その意味は後でわかるので、とりあえず九九を言えるようにする。
これはいつからでも構いません。0歳からやれば一番いいですよね。初
めは聞かせるだけです。子どもが言えなくたっていいのです。繰り返し
聞かせます。

●抱っこひもで胸のところにいる子どもの頭の上から九九を言う。
●お買いものに行く道々に九九を言う。
●幼稚園に行く道々に九九を言う。
●お風呂の中で九九を言う。

必ず、2の段から始めましょう。聞いているうちに子どもは一緒に言う
ようになります。
初めは聞かせる。無理に言わせない。ひとりで言えたら「すごくほめる」。
これがすべての働きかけの基本です。

そして、これも**スピード**が目安です。
すらすら言えるようになるまで何回もやりましょう。

「逆からの九九」もやってみる

これはなかなかスラスラとはいかないですが、学校で求められてはいな
いので、できないからとあせったり、無理にやる必要はありません。頭
の体操だと思ってやるといいでしょう。

全部で何個か調べる時に、九九を使ってみます。

『毎日２個キウイを食べるとして、１週間分で何個買えばいい？』
と、質問し、考えさせましょう。
『２×７＝14、にしちじゅうし、だね』と、九九で言いましょう。

九九を使っての合計を知ったら、
紙に掛け算の式を書いて見せることもしましょう。

ここが大事だニャ〜

→働きかけに適正年齢はありません。
０歳でも、１歳でも、九九を聞かせていれば、しゃべるようになった時に九九をすらすら言うでしょう。
覚えておいてのちに役に立つことは、早くから耳に入れておきましょう。
「門前の小僧習わぬ経を読む」と同じです。
「意味がわからず言えても仕方ないのではないか」という意見がありますが、そのうちに必ず学校で習うので、その時に意味がわかるので大丈夫です。聞いたことがある、知っている、という余裕があると授業が楽しくなります。
→早期教育は悪いこと？
「早期教育を受けた子どもは、授業をばかにしてしまい、授業態度が悪くなるのではないか」
これは、早期教育そのものに問題があるのではなくて、早期教育を行う人の考え方、“躾け”に問題がある場合だと思います。
早期教育は、ほかの子よりできるようにして自慢するためではなく、子どもの脳力をより発達させ、知識を増やし、人生を豊かにするためだと私は思っています。

13

みんなに分けて配るには

割り算の基本は、分ける・配るにある

割り算を習う前に、なぜ割り算が必要になるのかを体験で知っておきたいものです。

ふだん、いちごを食べる時、台所でママがお皿に分け入れてテーブルに運んでしまいませんか？　たまには子どもに分けてもらいましょう。
テーブルにいちごを全部入れたザルを置いて、お皿を並べて、『**このいちごをみんなに分けてね**』と、たのみます。

子どもはどんな分け方をするでしょう。1個ずつ皿に入れていくか、おおざっぱに入れるか、いろいろですが、怒ったり笑ったりしないで、最後まで見ていましょう。みんなが同じ数になるようにたのみ、最後に、みんな同じ数になったか、一緒に数えます。

すると、余りが出ると思います。
（余りが出るようにいちごの数を操作しておきましょう）
それがねらいです。

「あまり」を認識する

『21個のいちごを4人に分けたら、ひとり5個で、余りが1個だったね』
ちゃんと大人の言葉で、声に出して、言いましょう。

また、余りが、3個出る場合があります。

4人に分ける場合、4個なくては全員に分けられない。
この3個は「あまり」になる。
と、言うことを、子どもと確認しましょう。

『23個のいちごを4人に分けたら、ひとり5個で、余りが3個だったね』

余りを3個にして見せるために、台所で先にいくつか食べてしまっても
いいくらいです。
「あまり」を見る、「あまり」のルールを知ることは、のちの算数の勉強
でとても生きてきます。
（☞ P.94　参考問題⑦）

14

にぶんのいっこ

余りのいちごをどうするか

『21個のいちごを4人に分けたら、ひとり5個で、余りが1個だったね』
この場合、

『この1個どうする〜？』

半分に切って、

『**これが、にぶんのいっこ**』と、見せます。

『**だれが食べる〜？**』

それを兄弟ふたりの皿に分けて、

『**そうちゃんとゆうちゃんは、5個と2分の1個になったね**』

『**ママとパパは5個だね**』

1つを2つに分けて、$\frac{1}{2}$をつくって見せる。

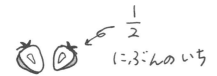

次から何かを分けて余りが出たら、子どもが、「それ、にぶんのいっこにする！」と言うでしょう。
$\frac{1}{2}$の本当の意味がわからなくても、分数の言葉を使うだけで大丈夫です。ちゃんとわかる日がくるのです。

分数の言葉に慣れる

◎半分にする時

『にぶんのいちにしようか？』 と言うようにします。

せっかく学んだのですから「にぶんのいち」という言葉を使いましょう。

◎４人にロールケーキを分ける時
子どもの目の前で、まず、半分にします。

『まずは、２分の１にするよ』

次に、その半分をまた半分にします。
端から適当に切って４つに分けるのではなくて、
$\frac{1}{2}$ をまた $\frac{1}{2}$ にするところを見せましょう。

『この２分の１を、また、２分の１にするよ』
『ほら、４分の１ができた』

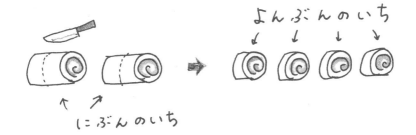

「よんぶんのいち」という言葉を使い、

《４つに分けたうちの１つを、４分の１と言う》

と、実際にそれを見せ、言葉を聞かせておきましょう。
子どもはいずれこの言葉を自分のものにします。

コラム 働きかけの成果はある日突然

働きかけは繰り返しが大切です。何回かやったくらいでわかるわけがない、と思っておくくらいがいいです。

理解したかどうかにこだわってしまうと、ついがっかりしてしまい、それが重なるとイライラが募って楽しくなくなってしまいます。
なかには、働きかけを少ししただけで、「うちの子はできないんです」なんて、子どもの能力を見限った発言が出てしまう方もいます。

なので、私は、「きっとわからないだろう」と思えるような、「ずっと先の学年の内容の働きかけ」をしちゃえばいいと思っています。たとえば、3歳の子に分数を教えるような。そうすると、わからなくて当然と思えて、気長に構えられます。

また、子どもは思いのほかできる時があります。
ちょっと難しいかなと思った働きかけをしたのに、すぐ理解し、「あら、これがすんなりわかるの？」とびっくりすることがあるのです。
そういう時は、子どもの可能性に感動します。
難しいと思ったけど試しにやってみてよかったと思うのです。

「働きかけに適正年齢はありません」
と、いつも私が言うのは、こういうわけもあるのです。

とはいえ、毎日いろいろと働きかけをし、また、何回も同じことを話して、見せて、もうわかっただろうと思ってもわかっていない、ということがあるとやはり、「まだか……」と、ため息の出る思いをしてし

まいます。うちの子はほとんどいつもそんな感じでした。

しかし、**何年後かには、必ず、その成果が出る日がきます。**

どうか、年単位で期待してください。

こんなことがありました。

$\frac{1}{2}$ については、私は息子が３歳くらいからか、とにかく、小さい時から何回も何回も、絵に描いたり、物を見せたりしながら教えていましたが、実際には全然わかっていないな、と思っていました。

息子が６歳を過ぎたある夜、晩ご飯のおかずを食卓に並べ、私はまだ台所で何かしていた時です。

食卓に座って「いただきます」を待っていた息子から、「ママ！　ママ！」と、私を呼ぶ声がしました。

息子のところに行ってみると、息子は自分の前に置かれた皿を指さし、**「これが、にぶんのいちでしょ？」**と言うのです。

見ると、息子のハンバーグはきれいに半分に切られていました。

息子は自分のハンバーグをナイフで半分に切り、その片方を指さして、「にぶんのいち」と言っているのです。

これは、３年かかって、息子が $\frac{1}{2}$ を自分のものにした瞬間でした。

ついに、本当に $\frac{1}{2}$ がわかったのです。

私は胸が熱くなりました。

この時のことは今でも忘れないし、頑張ってきた私へのご褒美のような出来事でした。

43

ケーキを分ける

ケーキを同じ大きさに分ける

お誕生日の時などに用意する丸いケーキ、いつもはママが台所で6分割
などに切って出していませんか。これを子どもにやらせてみましょう。
丸い大きいケーキを前に置いて、
『みんなに同じ大きさになるように切ってね』
と、たのみます。
そして、「切った人は最後にとる」と決めておけば真剣になります。

丸い物を均等に分ける

今まで、分けられた物を何回も見ていたはずですが、やらせてみると、
四角く切り出したりする子もいます。でもここは我慢して最後までやら
せてみましょう。円を均等に分けるには扇形にするのがいい、というこ
とを体験させるのが目的です。

大きさの違うピースを出してみる

たまには不均等にケーキを切り、大きい方をママの前に出してみます。

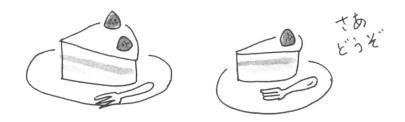

「あ！　そっちが大きい！」
と、子どもが言ったら、
『なぜ、こっちが大きいと思うの？』
と、聞き、扇型の弧の長さを測ってみましょう

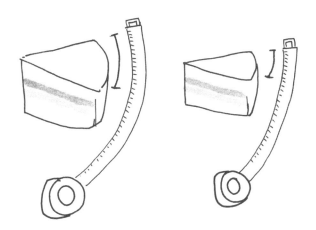

この "ねらい" は、
《扇形は、弧の長さや中心角が大きい方が面積が大きい》
と、知ることです。

コラム 子どもは案外わかっていない

わからないのが当たり前

子どもはびっくりするくらい何も見ていないことがわかります。
ケーキやピザなどで、今まで何回も扇形に切られたピースを見ていて
食べているはずなのに、好きなように切り始めたりします。
羊羹のようなものを切らせても端から適当に切り出したりします。

このことに限らず、「当然子どもはわかっているだろう」と、私たちが
思っていることでも、子どもが気づいていない、知らないことがたく
さんあります。

子どもは生まれてこの世に出てきた時から、目に見えるもの、聞こえ
る言葉、全てがわからないことばかりです。わからないものに囲まれ
ていることが当たり前なので、目の前の出来事をいちいち気にはして
いません。そのうち、少しわかるようになると知らないものが気にな
りだして質問するようになります。物に名前があることを知った子は、
何を見ても「これ何？」と聞き始めますよね。
このように、子どもは自分から疑問をもつことは少ないので、私たち
の方から注意を向けさせて教えていかなければならないのです。

いつも疑いましょう。
何につけても、「案外わかっていないかも」と思っておくくらいがいい
でしょう。
試しに質問してみたり、やらせてみたりすると、考えさせるきっかけ
になりますし、そこでまた1つ、子どもの知識が増えます。

そしてその知識がまた次の疑問を呼び、次の知識につながるのです。

これは算数に限らず、国語や理科・社会の分野の知識にも役に立ちます。
「ひまわりの咲く季節は？」と聞いてみたり、
「おばあちゃんの子どもはだれだかわかる？」と聞いてみたり。

「壁に耳あり障子に目あり」ということわざを習った小学生に、試しに、「障子って知ってる？」と聞いたところ、「しょうじって何？」という答えが返ってきました。
障子を知らないと、このことわざの情景は思い浮かばないでしょうし、意味が実感できないでしょう。

「働きかけ」は「言葉かけ」です。
注意を向けさせる、考えさせる、疑問をもたせる、そのための言葉かけが私たちのする「働きかけ」です。

日常の普通のことに注意を向け、ちょっとした質問をすることによって子どもを1つ賢くできることがあります。
ぜひ、「試しに質問する」を心がけてみてください。

16

測ってみよう

身の回りの物の長さを測ろう

目につくあらゆる物の長さを子どもと一緒に測ってみましょう。

10cm はどのくらいか、1m はどのくらいか、この大体の感覚を知っておいてほしいです。まず、定規とメジャーを用意します。ない場合は子どもと一緒に買いに行くのがいいでしょう。

『これは長さを測る道具ですよ』

買ったら測ってみたくなります。手当たり次第、いろいろ測って、**小さいノートを用意して、そこに書き込みます。**

ノートの縦の長さ・横の長さ、ボールペンの長さ、積木のピースの長さ、子どもの中指の長さ、ママの中指の長さ、パパの中指の長さ、腕の長さ、頭の周りの長さ、リモコンの長さ、靴の長さ、エプロンの紐の長さ、などなど。

いろいろ測って、比較しましょう。測る前に予想しても面白いです。

きちんと、15cm　などと、正確な書き方で「長さノート」に書きます。

子どもの身長も調べます。120cm = 1.2m　と声に出しながら書き込んで、メートルを知ります。メートルを知ったら、長い物を測ります。

ママの身長、パパの身長、テーブルの長さ、廊下の長さ、車の長さ、などなど、メジャーを使って 1m を超えたものを測ってみましょう。

歩測をやってみる

子どもの 10 歩が何 m なのかを調べて、「長さノート」に書いておきます。初めは、わかりやすく 3m などの数字にしておくのがいいです。家の一番長いところが何歩かを調べます。15 歩だったらそれが何メートルなのか計算して、ノートに書きます。声に出しながら書きます。

かなちゃんの 1歩 30cm

ろうか 10歩 = 300cm = 3m

うちの前のどうろのはば = 15歩
= 450cm = 4.5m

距離を調べよう

外に出て、あちこち、歩数で距離を調べましょう。
家から学校、家からコンビニ、家からバス停、交差点から家まで、などなど。1000m を超えたら、km の単位で書きましょう。

ここが大事だニャ〜

➡いろいろな長さや距離を測ると、長さや距離の感覚ができてくるようになります。学校のテストで、「家から公園までの距離はどれくらいでしょう」という問題に、「答え　25cm」と答えるようなことがないように、算数の問題がイメージできるようになります。

➡自分の身長を、cm と m の両方の単位で覚えておくようにしましょう。将来、単位の変換の時に役に立つのです。135cm なら、1.35m と言えるようにしておきます。

「メートル」「キロメートル」などという言葉に慣れて、1m がどれくらいなのかがわかっているようにしたいのです。

面積を知ろう

面積ってなに？

「平方センチメートル」という言葉を使って面積を計算させる勉強を、いずれします。その時に、タテ×ヨコ、と計算するでしょう。
その前に、面積とはいったい何なのか？　なぜ、タテ×ヨコの計算をするのか。その意味を知り、面積を子どもに実感させたいところです。

線とは、点が、ある長さ続いてつながったもので、長さとはそれがどのくらいつながったかを数字で表したものです。

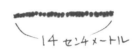

これくらい、と、指で見せて言っても、正確には人には伝わらないので、センチメートルや、メートルなどと、共通の単位を使うのだということを教えます。
その線が、今度はびっしりとタテに並んだとしたら、どれくらい並んだか、それがタテの長さです。
点が縦横にびっしり並び、**面**ができました。
線の長さ×並んだ長さ、それが**広さ**です。この**広さが面積**です。

『あなたの部屋の広さは？』
『学校の校庭の広さは？』
と聞かれた時に、数字で表すために、1辺の長さともう1辺の長さをかけて、数字で表しているんだ、ということを、子どもと一緒に理解しましょう。

（並んだ長さ）

（線の長さ）

いろいろな広さを調べよう

また、「広さノート」を用意して、書き込んでいきましょう。

ノートの1ページの広さ、消しゴムの広い面の広さ、ティッシュの広さ、テーブルの広さ、座布団の広さ……。目につくものをみんな調べてみましょう。

部屋の広さや、公園の広さなどは、歩測を使って計算してもいいでしょう。

cm²（平方センチメートル）、m²（平方メートル）、km²（平方キロメートル）という言葉を使いましょう。
a（アール）や ha（ヘクタール）などの単位も、学校で学びますので使っても大丈夫です。

ついでに、丸い物の面積は、
『**タテの長さ（直径）に 3.14 をかけるんだよ**』
と、教えてしまいましょう。

※面積を求める計算の時は、計算機を使いましょう。
※面積とは、平面内の図形の大きさ。広さの量である。

18

体積を知ろう

身近なもので調べる

面が積み重なって、立体になって、体積が出てきます。
辞書や電話帳、トランプの束などを見せると、面が重なって立体になる
様子が子どもにもわかると思います。どれく
らい面が積み重なったのか、その高さの数値
をかけて、体積を表します。

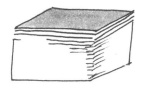

《**体積は、面の広さ×高さ**》です。
このことをわかっていると、のちの算数の問題を解く時に役に立ちます。

ミリリットル（㎖）、リットル（ℓ）という言葉を使って、身近な物の体
積、量を覚えましょう。

牛乳パックは、1ℓ
（パッケージに1000㎖と書いてあります。ここで、1000㎖は1ℓであ
る、と知るチャンスなのです）
水のペットボトルは、2ℓ、
お茶のペットボトルは、500㎖

よく目にする物の量を知り、覚えることにより、1ℓはどれくらいなの
かを想像することができるようになるのです。
テレビなどで、「水のペットボトル10本分」なんて表現があった時に、
どんな量なのか重さがどれくらいなのかが想像つくでしょう。

体積を調べる

牛乳パックの3辺の長さをかけて、体積を出してみましょう。
本当に1ℓ（1000㎖）になるのでしょうか？
空き箱、机の引出し、浴そうなども、体積を調べてみましょう。

では、形が四角くない物についてはどうやって体積を知るのでしょうか？
たとえば、
『ゆうちゃんの体積を調べてみようよ』
と言って、いっぱいにお湯を張ったお風呂に子どもを入れます。
ざざーっとお湯が溢れますね。
そして、お風呂を出た後の、減ったお湯の分の浴そうの3辺を測り、
体積を求めます。
『これが、ゆうちゃんの体積だね〜』

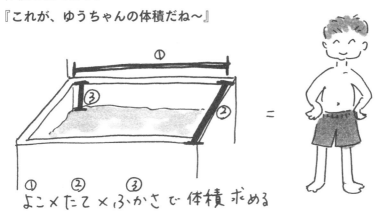

①よこ×②たて×③ふかさで体積求める

この実験は必ず後で算数の問題で役に立ちますから、
忘れないように、何回かやってみましょう。
（☞ P.95　参考問題⑧）

※体積は立体の大きさのこと。容積は入れ物の中に物を入れることのでき
る量、つまり、物を入れることのできる空間の広さ、大きさのこと。

どっちのジュースが多い？

高い方が多い？

子どもとジュースなどを飲む時に、こんな出し方をしてみましょう。
（2つとも同じ大きさのコップで）

ママの　　そうちゃんの

子どもは「ママの方が多い！」と言うでしょう。

『なぜ、多いと思うの？』
と聞いて、ジュースの高さが高い方が多いということを確認します。

『なら、これなら同じでしょう』
と、大きさの違うコップに同じ高さまでジュースを入れます、

「こっちの方が多い！」と、大きい方のコップを指すでしょう。
底面積の広いコップの方が多く見える、このことに気づかせましょう。

第3の入れ物（ペットボトルなどでいいので）を用意して、ジュースを
順番にその中に入れて、マジックで印をつけて、本当にこっちが多いの
かを、調べましょう。

《体積は、底面積×高さ》 です。
底面積が広くなると、量が多くなります。高さが高くなると、量が多く
なります。そのことに気づくための働きかけです。いろいろな場面で、
何回もやって見せたいものです。

（☞ P.95　参考問題⑨）

ここが大事だニャ〜

→同じ高さの場合は底面積の比が、体積の比になることを、経験で
知っておきたい、というのが"ねらい"です。

この立体の体積を
求めよ。

左図のような問題を解く日がきます。

これは先に底面積を求めてから高さをかけ
ます。
「底面が高さ分、積み重なっている」という
認識がないと、難しくなってしまいます。

いろいろな立体

立方体・直方体・円柱

立方体・直方体・円柱という言葉を教えて、
その立体を探してみましょう。

ティッシュの箱、お菓子の箱などを見せて
『これは直方体』、茶筒などを見せて『これが円柱』と教えて、形を知っ
ておきましょう。
直方体探し、円柱探しをやりましょう。

展開する・組み立てる

お菓子の箱などの角にハサミを入れ、展開してみましょう。
またそれを箱の形に戻すことを、繰り返しやってみましょう。
戻す時はセロテープで止めます。すると、平面だったものが立体になる。
これを見せたいのです。
適当な箱がない時は、方眼厚紙を文房具屋さんで買って来て、展開図を
書いて切り取り、箱の形に組み立てることをやってもいいでしょう。
（☞ P.96　参考問題⑩）

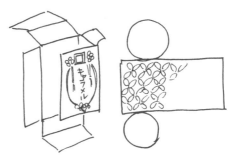

サイコロで遊ぶ

サイコロをいくつか用意しましょう。

サイコロは、1 の反対側が 6、2 の反対側が 5、3 の反対側が 4 というように「向かい合う目の数の合計が 7」になるようにつくられています。遊びながら、そのことを知っておきましょう。

サイコロを 1 個転がして、
『テーブルに接した面の目の数はいくつ？』
と問いかけてみましょう。
サイコロを 2 個くっつけて、隠れた接面の目の数を予想しましょう。
(☞ P.96　参考問題⑪)

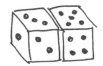

積木遊び

積木を使って、いろいろな立体をつくって遊びましょう。

小さな立方体をたくさん使って大きな立方体をつくることもやりたいです。外側から見えない積木があることを知ったり、全部で何個使ったか数えてみることもしておきたいです。
(☞ P.97　参考問題⑫)

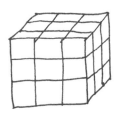

21

今、何時？

時計を読めるようにする

家の時計は必ず、丸いアナログ時計にします。今の時刻を数字で表す「時間」というものがあることを知り、時計を読めるようにしましょう。

時計を見せて、
『**今9時ね、10時まで遊ぼう！**』
などと時間を意識させて、時計をいつも見るようにします。

時計を読めるようにするには時間がかかります。
いつも、
『**今3時だね**』
と、子どもに時計を見せましょう。
時計のおもちゃを使ってもいいでしょう。

時計を観察する

『**今10時でしょう？　しばらくしたら、長い針がどこに行くか、短い針がどこに行くか、見ていようね**』

《**長い針は1時間で1周する。短い針は1時間に1つ隣にしか進まない**》

このことを知るのが目的です。

今、何時？

時間を意識し、時計が読めるようになるように、
子どもに時間を聞くようにしましょう。

『今、何時？』
『3 時になったら帰るから、時計見て教えてね』
『5 時まで、あと何分？』
『6 時まで、あと何時間？』
『8 時になったらお風呂に入るよ～。時計を見ててね～』　などなど。

短い時間と長い時間

子どもに短い時間と、長い時間の感覚をもたせることが大事です。次の
ように聞くようにしましょう。

『駅まで何分かかると思う？』
『お買いものに行って帰ってくるまで何分だったかな』
『おばあちゃんちまでどれくらい時間かかるかな』
『2 時間半かかったね』
『パパが会社に行ってから帰ってくるまで何時間だったかな』

時計を使ってみよう

円の特性・分数を知る

時計は円の特性・分数を知るのにとてもよい教材です。

15 分は $\frac{1}{4}$ 時間

30 分は $\frac{1}{2}$ 時間

3 時は円の $\frac{1}{4}$

6 時は円の $\frac{1}{2}$

9 時は円の $\frac{3}{4}$

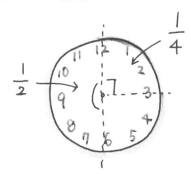

時計を使って、円の分割と分数を身近にしておきましょう。

角度を知る

6 時の時の長い針と短い針がつくる角度は 180 度

3 時の時の　　　　　〃　　　　　　90 度

1 時の時の　　　　　〃　　　　　　30 度

と、角度を教えましょう。

『9 時は何度？』

『7 時は何度？』

と、いろいろ質問して、「扇形の中心角」という問題が学校で出てきた時にイメージできるようにしておきたいです。

時計の針が重なる時

たとえば、こんな質問をしてみます。

『今、3時。このあと、長い針と短い針が重なるのは何時何分かな？』

子どもは、「長い針が3のところに来たら重なるんじゃないか」と想像し、「3時15分」と答えるのではないかと思います。

『じゃあ、見ててみよう！』と、時計の針が動くのを待ち、実際に長い針と短い針が重なる時を観察してみましょう。

《短い針も動いているから、重なったのは3時15分より過ぎてる!!》

このことに気づくように、「針の重なる時」を意識して働きかけてみましょう。
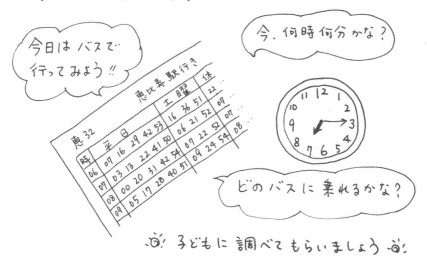
(☞ P.97　参考問題⑬)

23

どっちが早く着く？

速さの表し方を知る

速さの問題を解くようになる前に、「速さ」とは何かを知っておきたいです。
「じそく」という言葉を使って、速さを数字で表すことをしましょう。

車で走りながら、
『今は時速 20 キロくらいだよ～』
高速道路では、
『時速 80 キロだよ～』
『時速 100 キロだよ～』
と、今の速度を聞かせます。

速さを体感しながら速度を言うことを繰り返したあとは、ドライブしながら、今の速度を聞いてみましょう。

高速道路などで、
『今、速度は何キロくらいだと思う？』

すると子どもは、
「200 キロ？」とか言ったりします。
こういう時に、
「働きかけしておいてよかったな」と、つくづく思うものです。

速さと時間の関係を知る

『高速道路の制限速度は 100 キロなんだよ』
『歩く速さは、時速 4 キロくらいらしいよ』
『自転車は時速 10 キロくらいかな』
『新幹線は時速 200 キロ以上出てるんだって』
などなど、速さに関する話をして、速さの感覚、知識を少しでも入れて
おきましょう。

《速度が速いと同じ距離でも時間が短くなる》

こんな当たり前のことも、子どもは知りません。
いろいろな問いかけをして、考えさせてみましょう。

『急いで行きたいけど、歩くのと走るのとどっちがいいかな？』
『駅まで行くのに、歩くのと自転車、どっちが早く着く？』
『駅まで行くのに、自転車と自動車、どっちが早く着く？』

「追いかけっこ」も速さと時間を知るのによい遊びです。
早い人は遅い人にすぐに追いつくでしょう。
また、ゆっくり追いかけてもなかなか追いつかないでしょう。

速さの違いが到着までの時間の違いになること、また、同じ時間移動し
たら、速い方が遠くまで行けること。このことを、速さの問題に触れる
前に知って感じておくことが目的です。
（☞ P.98　参考問題⑭）

時速 100km を知る

時速 100km を理解する

『時速 100 キロで行くと、1 時間で 100 キロメートル進むのね』

①『時速 100 キロで 2 時間行くと、何キロメートル進む？』

わからなくて当然なので、絵を描いたり、想像させて、何回も教えましょう。

②『時速 100 キロで 5 時間行くと、何キロメートル進む？』

①が答えられるようになってから、②の質問です。
あせってはいけません。何日かかっても、何か月かかってもいいので、ちょこちょこ、この話をしてみましょう。

『おばあちゃんのおうちまで距離は 100 キロメートルだけど、時速 100 キロで行くと、どれくらい時間かかる？』

『大阪まで 600 キロメートルなんだって、時速 100 キロで行くと、どれくらい時間かかる？』

『時速 100 キロで 30 分走ったら、どれくらいの距離を行ける？』

などなど、いろいろな問いかけを何回もしてみましょう。
繰り返し繰り返しやることによって、なんとなくわかってきて、そのうち即答できるようになるでしょう。

時速 50km、時速 10km では？

時速 100km がわかったら、違う速度も考えてみましょう。

『**時速 50 キロの車で 1 時間走ったら、何キロメートル進む？**』
『**大阪まで距離は 600 キロメートル、時速 50 キロだと、何時間かかるかな？**』

まずはきりのよい時速 50km、時速 10km などを用いて、折にふれ子どもに問いかけてみましょう。
（☞ P.98　参考問題⑮）

ここが大事だニャ〜

→働きかけて、教えて、何回もやって、「わかった？」と聞くと、子どもはたいがい「わかった」と言います。
ですが、また次の時に質問してみると全然できない、こんなことがよくあります。
がっかりしないでください。
ため息をついたり、「無理なんじゃないか」などと思わないでください。

→1 回や 2 回でわかるわけはありませんし、初めて聞く言葉ばかりですから、10 回やってわからなくても普通です。
ママが自分にがっかりした様子を見たら、子どもは悲しくなり、働きかけをされるのを嫌になってしまいます。

何秒かかるかな？

電車の長さを感じる

踏切や駅のホームで電車が目の前を通り過ぎる時に、電車の先頭が目の前に来てから最後の車両が通り過ぎるまでの秒数を数えましょう。

正確に数えなくても大丈夫です。子どもと一緒に、声に出して、

『1、2、3、4、5、6、7、8！』

『8秒だったね！』

と、こんな感じで。

もし、新幹線や貨物列車などが通ったら、わくわくします。

なが～～～い列車が通り過ぎるのを子どもに見せて数えるのは面白いです。貨物列車の通過時間を数えるためにわざわざ出かけていってもいいくらいです。

『1、2、3、4、5、6、7、8、9、10、11、12、まだあるね～』

『13、14、15、16、まだあるね、17、18、19‼』

『長かったね～』

こんな経験をしてみてほしいです。

また、新幹線などは長いのに速いです。数えていると、そのことに注目できます。『1、2、3、4、5、あれ！　もう行っちゃった！』なんてことになるでしょう。

ここでは、

《長い列車が通り過ぎる時は時間がかかる》

《速い列車は通り過ぎる時間が短い》

このことを知ってもらうのがねらいです。

（☞P.98　参考問題⑯）

トンネルの長さも比べる

車や電車で移動する時に、トンネルが多い路線があります。
何回も何回もトンネルをくぐると、
「このトンネル、長くない？」なんて思ったことはないですか？
そんな時は、働きかけのチャンスです！

『トンネルの長さを比べよう！』と、言って、トンネルに入るたびに、
『1、2、3、4、5、6、7、8、……』と、数えてみましょう。

さっきのトンネルと今度のトンネルはどっちが長いか、また、「今までの
最高記録が出た！」などと、楽しむことができます。
ドライブの場合はトンネルの名前がトンネルの入り口に書いてあります
から、**『さあ、○○トンネルは何秒かな？』**と、名前を言ってから数える
と、長いトンネルの記憶が残ります。

《トンネルの長さによって、くぐり抜けるのにかかる時間がちがう》

ということに気づくことがねらいです。

（☞P.99　参考問題⑰）

お誕生日は何曜日かな？

いつもカレンダーを見よう

カレンダーは、月ごとにめくるものがよいでしょう。
今日の日付と曜日を毎日確認します。

『今日は9月1日、日曜日』　と、カレンダーを指さします。
『昨日は？』
『明日は？』　と、カレンダーを指さして、日にちを確認します。
『3日後は何日？』
『1週間後は何日？』
『かなちゃんの誕生日は何曜日かな？』
『今年のクリスマスイブは何曜日かな？』

しばらくカレンダーで遊びましょう。

日・月・火・水・木・金・土

1週間の曜日を覚えます。今日が水曜日だったら明日が何曜日かすぐに
言えるように。また、1週間が7日で、7を足した日が同じ曜日だとい
うことに気づかせます。

『今日は9月1日、日曜日でしょ、来週の日曜日は何日かな』
『その次の日曜日は何日かな？』
『10日が月曜日、次の月曜日は何日かな？』
『あと何回寝ると日曜日になるかな？』
『今日は何曜日だっけ？　燃えるごみの日は何曜日だっけ？』

などなど、質問はいろいろと工夫してみましょう。

先を予想する

『この次の日は何日になると思う？』
たとえば、9 月のカレンダーを開き、9 月 30 日の後の空欄のところに
次からの日付を書いていくことをやってみましょう。
『10 月 3 日は何曜日になると思う？』

23	24	25	26	27	28	29
30	10/1	2	3	4	5	6

7　8

大の月・小の月

31 日まである月と、30 日までしかない月があること、また、2 月は 28
日までしかないが、4 年に一度、29 日まであることを教えておきます。
『西向く士（サムライ）、小の月』（2、4、6、9、11 月が小の月）。覚え
ておくようにしましょう。

来年のこの日は何曜日？

12 月のカレンダーを開き、次のように質問し、一緒に考えてみましょう。

『来年の、1 月 1 日は何曜日かな？』
『来年の、1 月 10 日は何曜日かな？』
『来年の、3 月 3 日のおひな祭りは何曜日かな？』
『来年のかなちゃんのお誕生日は何曜日かな？』

少し難しいですが、書いていけばわかりますので、やってみましょう。
（☞ P.99　参考問題⑱）

来年は何歳ちがい？

年齢を使って考える

年齢は毎年1つずつ増えていくこと、年の差は変わらないことを教えます。

『そうちゃんは何歳？』　　　『来年、そうちゃんは何歳になるの？』
『ゆうちゃんは何歳？』　　　『来年、ゆうちゃんは何歳になるの？』
『いくつ違うの？』　　　　　『来年は何歳違うの？』

『パパは何歳？』
『10年後、パパは何歳になるの？』
『10年後、パパとそうちゃんは何歳違うの？』

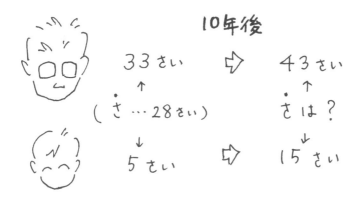

簡単な質問から、10年後などの未来を考える質問まで、徐々に変えていきながら、折にふれて年齢について考えさせるように、問いかけていきましょう。
また、お誕生日がきたら年齢が増える、年の差もその時だけ変化する。このことも意識しましょう。

5年後の年齢の合計は？　年齢の差は？

お誕生日や節分の時など、年の数を意識するでしょう。
家族全員の年齢の合計について考えてみましょう。

『家族みんなの年齢の合計はいくつかな？』

パパ ＋ ママ ＋　そうちゃん　＋　ゆうちゃん
35　＋　33　＋　　　6　　　＋　　　4　　　＝　78

「78歳」

『じゃあ、来年は、みんなの年の合計はいくつになる？』
『5年後は、みんなの年の合計はいくつになる？』

『かなちゃんは、ママが25歳の時に生まれました。かなちゃんとママの
年の差はいくつ？』
『5年後は、かなちゃんとママの年の差はいくつ？』

このようにいろいろな質問をしてみましょう。

《年齢は皆、毎年1つ増えるので、年の差は何年経っても変わらない》

ということを知ることが目的です。

（☞ P.100　参考問題⑲）

コラム 「がっかり」を見せない。

問いかけや問題に答えた時の子どもの間違いには案外いろいろな理由があります。問題の意味がわかっておらず、何を答えたらいいか理解できない、また、語彙が少なく、言葉がわからないために提示された状況が理解できないなどです。

へんな答えを子どもが言ったとしても、「わかってないのね」とがっかりせず、また、早とちりや計算間違いなどの「うっかり間違い」にも神経質にならずに、怒らず、のんびりと、何回でも働きかけを繰り返してください。

ここに、私の息子の「ある間違い」の話を書きますね。

ある日、息子の持って帰ってきた算数のテストは 10 点くらいでした。そのテストは、ゼロを認識するためのテストだったのか、答えは全部 0 になる問題ばかりでした。そのテストの見直しをした時に、私は、「これは間違いではないのではないか」と思ってしまうほど、「子どもの考えを聞いてよかった」と思いました。

印象的だった問題と息子の書いた解答を書きます。

（1）リンゴが 3 こあります。3 こたべました。のこりは何こですか？

「うっかり」を責めない

(2) でんせんにすずめが5わとまっています。5わとんでいきました。
すずめは何わのこりましたか？

なぜ、「5羽残っている」と思ったのか、息子に聞いたところ、初めは、
「だって5羽いるんだもん！」と、怒ったように言うばかりでしたが、よ
くよく聞いてみると、
「すずめは死んでない、どこかに生きている」
と、いうことなのです。それを聞いた私は、
「そうか、それならこれは間違ってないかもね」
と、言いました。そして、
「この問題は、**電線に**すずめが何羽残っているかを聞いているのよ」
と、問題の意味を教えたところ、息子はあっさりと、
「それならゼロ羽」と、正解を言えました。
息子は、「ゼロ」がわかっていなかったのではないのです。
問題の意味、問われている内容がわかっていなかったのです。

このやり取りをしなかったら、低い点にびっくりし、「あら、うちの子は
全然わかっていないのね」なんてことになってしまいます。よくよく息子
に聞いてみなければ、「本当はわかっている」ということに気づけません。
こういうことがあるので、皆さんにも、子どもの考えをしっかり聞いて
あげてほしいと私は思っているのです。そして、本当はできていた、と
いうことで、「本当の点数」をつけてあげてください。

28

３割引きだといくらかな？

割合、パーセントを教える

『1000 円の 1 割は 100 円』
『1000 円の 2 割は 200 円』
『それでは、1000 円の 3 割は、いくらかしら？』
『1000 円の 5 割はいくらかしら？』

何回もやって、「○割」 という言葉に慣れるようにします。

同時に、「1 割」と「10%」は同じだということも教えます。

『1000 円の 10%は 100 円』
と、教えましょう。

ここまでで、分数を聞いて知っていたりしたら、

《1 割、10%　は　$\frac{1}{10}$　だ 》

とわかってくると思います。

この時、紙に、線分図を描いて説明するとよりいいでしょう。

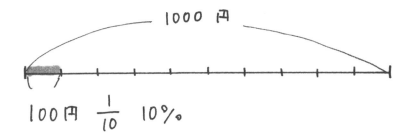

「割引き」を知る

1000 円の 1 割、2 割……と、10 割まで言えるようになったら、
次は「割引き」を教えます。

『1000 円の物が 1 割引きで売っていたら、いくらかな？』

「割引き」とは、その割合を引いたものだ、と、教えてしまいましょう。
ここでも線分図を描いて説明するといいでしょう。

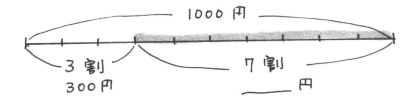

『1000 円の 3 割引きはいくらかな？』
『3 割引きだと、払うのは何割分？』
『1000 円の 5 割引きはいくらかな？』
『1000 円の 20％引きはいくらかな？』

割引き後の値段がすぐに言えるようになったら、

『3 割引きと 5 割引き、どっちが安いかな？』
『10 割引きだといくらになるかな？』

広告やスーパーなどで、「3 割引き！」などという文字を見る時は、
『ほらほら！　3 割引きだって！　安いよね？』
などと実際に使われているチャンスは逃さずに見せて、考えさせて、定
着をはかりましょう。
子どもは実感することで知識を自分のものにします。
（☞ P.100　参考問題⑳）

消費税がかかると？

消費税を使って計算する

消費税が10%になりました（8%のものもありますが）。
ここでは、計算しやすいように、10%としてやってみましょう。

『100円のものでも、消費税がかかって、100円じゃ買えないんだよ』
『消費税は、商品の値段の10%ですよ』と、まず、教えます。

『100円の消費税はいくらになるかな？』
『100円のものに消費税がかかると、値段はいくらになるかな？』

答えはすぐに教えてあげます。

『100円のものは、110円になります』
『では、200円のものはいくらになるかな？』
『300円のものはいくらになるかな？』
『500円のものは？』
600円、700円、……と、聞いていきます。

次に、
『1000円のものは、消費税がかかるといくらになるかな？』
『2000円のものはいくらになるかな？』
3000円、4000円　……　10000円と、やっていきます。

小学生だったら、150円のものに消費税がかかったら、などという質問
にも挑戦できるでしょう。

合計を出す、消費税を足す

買いものに子どもと一緒に行った時は、買いものかごに入れながら、合計金額を計算させてみることも、働きかけになります。
金額はきりのいい金額にして、足していきましょう。

『合計を足していってくれる？』
『トマト　200円』
『次は　ピーマン　150円』
『たまご　250円』
『いくらになった？』
「600円になった」
『消費税足すといくらになるかな？』
『1000円札で足りるかな？』

こんなやり取りも、生活のなかでできるでしょう。
もちろん、おこづかい帳をつけることも、とてもいいと思います。

ここが大事だニャ〜

→働きかけは、繰り返し繰り返し行い、身につくようにしていきますが、生活の場で、実際に知っていることを使う場面があると、復習になりますし、定着を助けます。

→働きかけをしたことや、教えたことが使えそうな場面が来たら逃さずに、『見てみて〜』と言って見せる、『やってみよう』と使ってみせると、体感することができて、子どもも嬉しいと思います。

お店屋さんになる part2

1つ売ったら利益はいくら？

お金（おもちゃでも、本物でも）をいろいろ用意して、子どもにお店屋さんをやらせてみましょう。今回は、「仕入れ」からします。そのつど、子どもの手持ちのお金がいくらになっているかも確認します。

①みかん、お菓子、ハンカチ、鉛筆、何でもいいですが、同じ物をたくさん用意し、まず、ママから子どもに売ります（子どもが仕入れることになります）。「仕入れ値（原価）」はママが決めていいでしょう。
その仕入れた商品を売るお店屋さんになってもらいます。
（ここでは、みかんを1つ10円で仕入れて売ることで、話を進めていきます。はじめに、子どもに100円を持たせておきます。消費税は考えないものとします。）

②子どもに、みかんを売る値段（「売り値」「定価」）を決めさせます。
みかんを1つ10円で10個仕入れたとします。
この時子どもが、売り値を10円と言ったら、「利益」がないことを教え、利益の出る値段を決めさせます。子どもが売り値を20円と決めた場合、『1つ売ったら利益は10円だね』と、教えましょう。

③子どもの前にみかんを並べ、ママが子どもからみかんを買いましょう。

『3個ください、いくらですか？』

合計値段を考えさせます。
100円玉を出したりして、おつりをもらうこともしてみましょう。

④何個か買ったあとに、子どもの手持ちのお金が増えていることに気づかせましょう。みかんを売った**利益の分が増えている**のです。

「仕入れ値（原価）」 ＋ 「利益」 ＝ 「売り値（定価）」

「売り上げ」 － 「仕入れ値（原価）」 ＝ 「利益」

このことを理解させたいのです。

＊この項は次ページに続きます。

お店屋さんになる　part3

全部売ったら売り上げは？

⑤売って得たお金を「売り上げ」ということ、売ることにより増えたお金を「利益」ということも教えましょう。

『3個売ったら、売り上げはいくらになるの？』

『1個10円の利益で、3個売ったら、利益はいくらになるの？』

🍊 利益　10円
🍊 利益　10円   利益 合計
🍊 利益　10円   30円

『10個売ったら、売り上げはいくらになるの？』
『1個10円の利益で、10個売ったら、利益はいくらになるの？』

と、質問し、売り上げや利益の計算もしてみましょう。

1個20円の売り値　×　10個　＝　200円　（売り上げ合計）
1個10円の仕入れ値　×　10個　＝　100円　（仕入れ合計）
1個10円の利益　×　10個　＝　100円　（利益合計）

売り上げ合計200円　−　仕入れ値合計100円　＝　100円　（利益）

『みかんを 10 個売ることで、お金が 100 円増えたね！』
と、確認しましょう。

⑥売れ残った場合は……

『5 個売れて、5 個売れ残ってしまったら、いくらの利益になるの？』

と質問をし、最終的な利益に目を向けてみましょう。
5 個売れると、「売り上げ」は、20 × 5 で、100 円です。
10 個を仕入れるのに、100 円を使ったので、売り上げが 100 円だと利
益がないことに気づかせたいです。

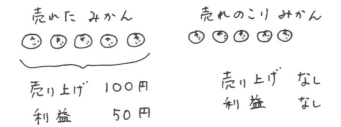

「お店屋さんごっこ」は、算数の問題「売買算」をやるうえで、とても重
要です。「仕入れ値（原価）」「定価」「売り値」「利益」などの言葉に慣れ
ておくこと、また、売買の実際のイメージをもてることが、この働きか
けの目的です。
（☞ P.100　参考問題㉑）

仕事から帰ってきたパパにみかんを売るなどしてお店屋さんを楽しみま
しょう。また、子どもの付けた定価から値切って、「割引き」をしてもら
う、おまけを付けてもらう、など、発展させて、いろいろなかたちで何
回もやりましょう。そのつど、「利益がどれくらいになるのか」を、必ず
確認することが大切です。

32

間（あいだ）はいくつ？

切る、つなぐでわかることは？

子どもにクイズを出してみましょう。

『1本のリボンを2本にする時は、何回ハサミを入れるでしょう？』
『1本のリボンに2回ハサミを入れると、何本のリボンができるでしょう？』
『1本のロールケーキを4つに切る時は、何回ナイフを入れるでしょうか？』

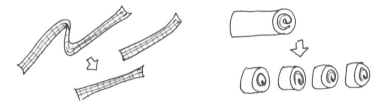

絵を描いて見せたり、実際にリボンを切ってみたりして、
《切る回数は出来上がる本数より1つ少ない》
ということに気づかせましょう。

折り紙1枚を短冊に切り、それをつないで長いテープをつくってみましょう。つなぐ部分に糊をつけ、貼り付けていきます。

『10本をつなぐには何回糊をつけてつなぐでしょう？』

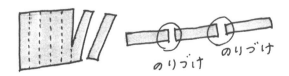

つなぐ箇所の数はつなぐ本数より1つ少ないことに気づかせます。これは、**間（あいだ）の数**を知るための働きかけです。

10cmの短冊を10本用意します。
10本をつなぐと、長さは何cmになるでしょう。
「1m」と子どもは答えそうですが、のりしろの分が短くなります。
のりしろは1cmと決めて、やってみましょう。

紙をつなぐ、のりしろの部分は何か所かを考えます。
短冊をつなぐとのりしろの部分の分が1cmずつ短くなることに気づきます。
この点に気づくように話しながら、最後に全部で何cmになったかを調べましょう。

（☞ P.101　参考問題㉒、㉓）

わかりやすい例として、短冊が3本だったらどうか、考えてみてください。

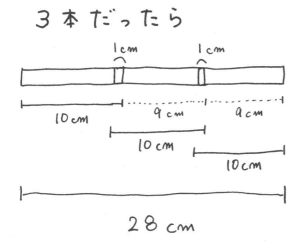

当たる確率は？

くじ引き遊びで確率を考える

①飴を1つ手に握り、握った左右の手を出して

『どっちに入ってるでしょう？』

と、当てて遊ぶことはあると思います。この時に、

『当たる確率は2分の1です！』

『2個のうち、1つが当たりの時は、確率は2分の1っていうのよ』

と、「確率」という言葉を使って、分数で確率を言い、説明しましょう。

②伏せた紙コップを3つ用意し、その中のどれか1つに飴などのご褒美を入れて、

『さあ、どれに入っているでしょう？』

『当たる確率は3分の1です』

と、やってみましょう。

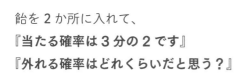

飴を2か所に入れて、

『当たる確率は3分の2です』

『外れる確率はどれくらいだと思う？』

と、さまざまなパターンでやってみましょう。

なかなか答えられない場合は、

『全部でコップは何個？』

『そのうち当たりは何個？』

などと、ヒントを与えて、考え方を教えていきましょう。

③割り箸を 10 本用意します。1 本の先端に赤い印を付け、また 1 本に青い印を付け、合計 10 本の割り箸を、印の部分を隠すように手で持ち、くじ引きのように子どもに引かせます。

『赤を引く確率はどれくらいかな？』　　　　　　　　　　（$\frac{1}{10}$ です）

『青を引く確率はどれくらいかな？』　　　　　　　　　　（$\frac{1}{10}$ です）

『色のついた割り箸を引く確率はどれくらいかな？』

（$\frac{2}{10}$ なので、$\frac{1}{5}$ です）

『しるしのない割り箸を引く確率はどれくらいかな？』

（$\frac{8}{10}$ なので、$\frac{4}{5}$ です）

と、いろいろの問いかけをしながらくじを引いて、当たったらご褒美や、お掃除当番などにすると、楽しくできると思います。

箱に 20 個くらいのくじを入れて、引かせるのも面白いでしょう。

慣れてきたら、百分率で確率を言うことも教えましょう。

『 $\frac{1}{10}$ の確率は 10%という言い方もしますよ』

と、聞いておけば、天気予報で、「降水確率 30％」と言われた時に、なんとなくわかるようになり、確率という言葉を難しく感じなくなるようになると思います。

いろいろと工夫をし、くじ引きをする場面などを設けて、ワクワクしながら、楽しみながら、「確率」を考える機会をつくりましょう。

（☞ P.101　参考問題㉔）

34

近道は？

地図を見て歩いてみる

皆さんのおうちの周辺の道路はどのようになっているのでしょうか？
家からスーパーまで行く道のりは、何通りかありますか？　市町村役所
などから市街地地図をもらってきて、地図を広げ、お買いものや公園な
どに行く時に、**どの道を行くのが一番近いか**を子どもと考えてみましょ
う。

できれば下図のように道路が碁盤の目のようになっていると一番勉強に
なります。
『**家から公園まで行く時、どの道を通って行く？**』
と、声をかけて、道選びを子どもにさせてみましょう。
『**できるだけ短い距離で**』と、条件をつけましょう。

実際に買いものなどに行く時に、角ごとに、
『**どっちに行く？**』
と、子どもに聞いてみるといいと思います。いつもと同じ道を選ぶかも

しれませんし、全くわからないかもしれません。

また、逆の方向に行ってしまうかもしれませんが、考えることに意味があります。地図がある場合は地図を見ながら歩くとよりいいでしょう。

たまには、いつもと違う道を通り、

『**こっちからも行けるんだよ、遠回りだけどね**』と言って、目的地に向かってみるのもいいでしょう。地図を見ながら、どうして遠回りだったのか、通った道の距離を意識して話しましょう。

たとえば、家から公園まで、**何通りの行き方があるか**、数えてみることをしましょう。地図がない場合は、地図を書いて見せて、マーカーなどで道に線を引きながら、道順が何通りあるか、数えてみる。そして、その道それぞれに名前をつけて、

『**今日は保育園コースを行こう！**』

『**今日はチューリップコースで行こう！**』

などと言って出発すると、ハイキングのようで楽しいかもしれません。

この働きかけの目標は、碁盤の目の最短コースを知ることと、目的地までの自分の行く道を俯瞰して見られるようになることです。地図を見ながら歩くことを、ぜひやってみてください。

（☞ P.102　参考問題㉕）

35 分配

同じ数にするには？

何個配ればいいか？

みかんや小さいチョコレートなどある程度の数を用意し、子どもとママに配り、その数の差を意識するような働きかけをしてみましょう。

①まず、テーブルの上で、みかんをママに 4 個、子どもに 2 個配ります。
「あれ、ママが多い」『何個多い？』
「2 個多い」『じゃあ、2 個あげようか？』
すると、今度は子どもの方が 2 個多くなってしまいます。

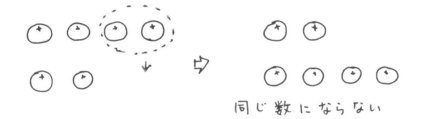

同じ数にならない

『今度はそうちゃんが 2 個多いじゃない？』「あ……」
『ママとそうちゃんが同じ数になるには、ママに何個あげればいい？』

このように、差の数を 4 つにしたり、6 つにしたりと、何回もやってみましょう。ここでは、

<u>《ふたりを同じ数にするには、差の半分を渡さないといけない》</u>

ということに気づくのがねらいです。
（☞ P.102　参考問題㉖）

88

②ママと子どもや兄弟ふたりに、片方に3個、もうひとりに2個のキャンディーを配ります。

少ない方の子が、「ぼくが1個少ない」ということに気づいたら、

『じゃあ、1個ずつ増やそう』

と、ふたりに1つずつ渡します。

同じ数にならない

『これなら大丈夫？』

「でも、まだ、ぼくが1個少ない」

《ふたりに同じ数を渡しても差は変わらない》

このことに気づくための働きかけです。

同じく、ふたりが同じ数食べてしまっても、ふたりの差は変わりません。
差について注目する機会をつくって、ふたりの間のやり取りや、ふたりに追加するなど、いろいろとやってみましょう。
食べ物や、子どもの興味のあるものでやる方が、真剣に見て考えてくれると思います。

（☞ P.102　参考問題㉗）

ぜんぶ終わるまでどれくらい？

身近な場面を逃さないで問いかける

ある仕事を終えるまでにどれくらいかかるかを考えてみましょう。

問いかけの例をいくつか書きます。

『8個のケーキを台所からテーブルに運ぶ時、ひとりで1回に2個ずつしか運べない時は、何回往復することになる？』
『ふたりで運んだら何回の往復で運べる？』

『150人の幼稚園生を30人乗れるバスで運ぶとしたら、何回運ぶ？』

『あるおもちゃをつくるロボットがあって、1時間で5個つくれる。そのロボットがおもちゃを50個つくるのに何時間かかる？』

『トラックの荷台に100個の箱が乗っていて、それを下して工場に運ぶ時、ひとり1個ずつ持てるとして、10人でトラックから下したらひとり何回往復する？』

『千羽鶴をつくる時、ママは毎日20個つくれるとしたら何日でできる？』
『そうちゃんは毎日5個しかつくれないとしたら、何日でできる？』
『ママとそうちゃん、ふたりでつくったら毎日何個できる？』
『ママとそうちゃん、ふたりでつくったら、何日で千羽鶴が出来上がる？』

などなど、いろいろな場面で問いかけてみましょう。

（☞P.103　参考問題㉘）

遊園地のチケット売り場や、乗り物の順番待ちの時、時間があるので、順番がくるまでの間にちょっと考えてみましょう。

『20人くらい並んでるね、順番がくるまで何分かかるかな？』

と、考えてみます。

『1分でひとりが入れるとしたら、順番がくるまで何分かかるかな？』
『1分でふたりずつ入れるとしたら、順番がくるまで何分かかるかな？』

などと、行列している時はせっかくのチャンスですから考えてみましょう。

次にちょっと難しくしてみます。並んでいる時にもまた後ろから並んできます。
『並んでいる人が0人になるまでに何分かかるかな』
と、考えてみましょう。

たとえば、入場口などに並んでいる場合。初めに50人並んでいるとします。1分間に5人が入っていくとします。
『50人が全員入るのに何分かかる？』
と聞き、「10分」と答えが出たら、

『でも、1分間にひとりが新たに並んできちゃうよ、増えてきちゃう、どうする？』

と、この問いかけをしてみてください。必ずしも答えを出さなくてもいいですから、この状況を考えてみる、ということをしてみてください。減らしながらも増えていく状況をイメージできるように、体験しておきたいのです。

（☞ P.103　参考問題㉙）

参 考 問 題

働きかけはなぜ必要なのでしょうか？　子どもはいつかここにあるような問題を解く日がくるからです。本文にある働きかけが、具体的な問題にどうつながるか、ということを例として示す意味合いのものですから、どうぞ気楽にご覧ください。

 24km の道のりを行きは時速 6km、帰りは時速 12km で進みました。往復の平均の速さは時速何 km ですか。

解き方
24 ÷ 6 = 4　　（行きにかかった時間）
24 ÷ 12 = 2　（帰りにかかった時間）
24 × 2 = 48　（往復の道のり）
48 ÷（4 + 2）= 8

答え　時速 8km

- -

 40 人のクラスで算数のテストをしました。問題は 2 問あって、1 番ができた人は 27 人、2 番ができた人は 24 人、両方ともできた人は 15 人でした。両方ともできなかった人は何人ですか。

解き方

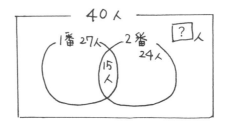

27 + 24 − 15 = 36……1 番か 2 番の少なくとも一方ができた人数
40 − 36 = 4……両方ともできなかった人数

答え　4 人

- -

次の数列の1番目から10番目までの和を求めなさい。
1, 3, 5, 7, 9, 11, 13, 15……

解き方

等差数列の和
1番目からn番目までの和 =（1番目の数 + n番目の数）× n ÷ 2

10番目の数は19なので、
（1 + 19）× 10 ÷ 2 = 100

答え **100**

碁石を、1番目に1個、2番目に4（= 2 × 2）個、
3番目に9（= 3 × 3）個、4番目に16（= 4 × 4）個……
というように、正方形に並べていきます。

1番目　2番目　　3番目　　　4番目

① 6番目の碁石の数は全部で何個ですか。
解き方
6 × 6 = 36

答え　**36個**

② 並んだ碁石が256個の時、一番外側の1辺には何個の碁石が並んでいますか？
解き方
256 = 128 × 2 = 64 × 2 × 2 = 8 × 8 × 2 × 2
　　　　　　　　= （8 × 2）×（8 × 2）
　　　　　　　　= 16 × 16

答え　**16個**

---

100 円、50 円、10 円の 3 種類の硬貨を使って、570 円を払うのに、おつりのないように支払います。全体の枚数が最も少なくなる時、硬貨は全体で何枚になりますか。

解き方

100 円玉 5 枚、50 円玉 1 枚、10 円玉 2 枚

答え　8 枚

---

 210 ページの本があります。ある月曜日から毎日 10 ページ読み、日曜日は読みません。この本を読み始めから読み終わるまで何日間ですか。

解き方

210 ÷ 10 = 21　　（読む日数は 21 日）

6 日読み 1 日休むので、

21 ÷ 6 = 3 余り 3　　（読み終わるまで 3 週間と 3 日かかる）

3 × 7 + 3 = 24

答え　24 日間

 折り紙を子どもたちに配ります。ひとり 5 枚ずつ配ると折り紙は 3 枚余り、6 枚ずつ配ると折り紙は 4 枚足りません。
この時の子どもの数と折り紙の数を答えなさい。

解き方

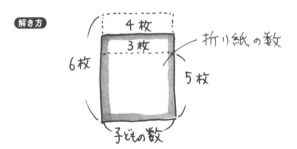

(4 + 3) ÷ (6 − 5) = 7　　（子どもの数）

7 × 5 + 3 = 38　　（折り紙の数）

答え　子ども 7 人、折り紙 38 枚

図のような直方体の水そうに水を 8ℓ 入れると水の深さが 10cm になりました。この水そうの中に石をしずめたら、水の深さは 12cm になりました。この石の体積を求めなさい。

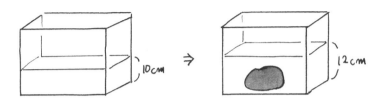

解き方

8000 ÷ 10 = 800　　（この水そうの底面積）
水の深さが増えた分が石の体積となるので、
800 × 2 = 1600

答え　1600 cm³

 高さ 20cm の円柱形の水そう A、B があり、底面積の比は 2：3 です。A に 12cm の深さまで水を入れ、次にこの水をすべて B に移すと水そう B の深さは何 cm になるでしょう。

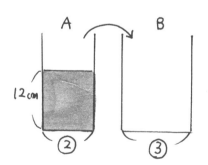

解き方

$12 \times \dfrac{2}{3} = 8$

答え　8cm

3つの面に、レ、シ、ピと書かれている立方体があります。下の見取り図はこの立方体を2つの方向から見たものです。
また、この立方体の展開図で、3文字のうち、2文字が正しく書かれています。展開図に残りの1文字を向きも考えて書き込みなさい。

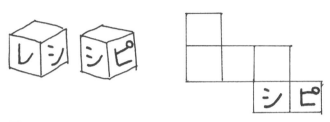

解答

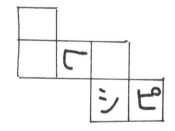

図のように、机の上に2つのサイコロを重ねて置いたところ、一番上の面の目は4でした。この時、見える面の目の数の和を答えなさい。
ただし、机とついている面は見えないものとする。

解き方

サイコロの向かい合う目の数の和は7になるので、

7 × 4 = 28

一番上の4を足すと、

28 + 4 = 32

答え　32

下の図は、1辺が2cmの立方体を8個積み重ねてつくった立体です。この立体の表面積を求めなさい。

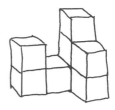

解き方

前後左右（4方向）から見える面はそれぞれ6面、
真上と真下（2方向）から見える面はそれぞれ4面、
4 × 6 + 2 × 4 = 32 　（見える面の合計数）
2 × 2 = 4 　（1つの面の面積）
4 × 32 = 128

答え　128cm²

 3時と4時の間で長針と短針が重なるのは3時何分ですか。

解き方

長針は1時間に360度進む　→　1分間に6度進む
短針は12時間に360度進む　→　1時間に30度進む
　　　　　　　　　　　　　→　1分間に0.5度進む
長針と短針の間の角度は1分間で5.5度縮まるので、
3時の時の角度90度を縮めていくのに何分かかるか考える。

$$90 \div 5.5 = \frac{90}{5.5} = \frac{90 \times 2}{5.5 \times 2} = \frac{180}{11} = 16\frac{4}{11} （分）$$

答え　$16\frac{4}{11}$ 分

ゆうちゃんが分速 60m で学校に向かって出発した 5 分後に、お母さんがゆうちゃんの忘れ物を届けるために分速 75m で追いかけました。お母さんは出発してから何分後にゆうちゃんに追いつきますか。

解き方

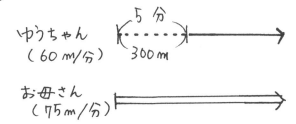

60 × 5 = 300……ゆうちゃんが先に進んだ距離
75 − 60 = 15…………速さの差（1 分間で縮まる距離）
300 ÷ 15 = 20（分）

答え　20 分後

 時速 50km の自動車で 2 時間走ると 　　　　　 km 進みます。

解き方
50 × 2 = 100

答え　100km

 長さ 120m、時速 72km の電車は、電柱の前を通り過ぎるのに何秒かかりますか。

解き方
時速 72km　→　時速 72000m　→　秒速 20m
120 ÷ 20 = 6

答え　6 秒

一定の速さで走る電車が、長さ 145m のトンネルを 11 秒で、長さ 85m の鉄橋を 8 秒で通過しました。この電車は時速何 km ですか。
また、この電車の長さは何 m ですか。

解き方

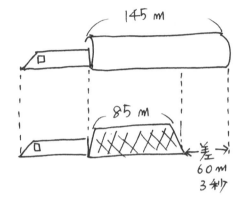

この電車の先頭がトンネルや鉄橋に入り、最後部が出るまでの距離を「動いた道のり」として、差に着目して考えます。列車の長さは同じなので、トンネルの長さと陸橋の長さの差が動いた道のりの差となります。

145 − 85 = 60（m）............... （動いた道のりの差）

11 − 8 = 3（秒）.................... （かかった時間の差）

60 ÷ 3 = 20（m/ 秒）............. （電車の速さ　→　72km/ 時）

20 × 8（秒）= 160（m）....... （電車の長さ＋鉄橋の長さ）

160 − 85 = 75（m）.............. （電車の長さ）

答え　時速 72km、電車の長さ 75m

 ある年の 8 月 9 日は金曜日です。その年の 12 月 9 日は何曜日ですか。

解き方

8 月 9 日の 31 日後が 9 月 9 日、9 月 9 日の 30 日後が 10 月 9 日、
10 月 9 日の 31 日後が 11 月 9 日、11 月 9 日の 30 日後が 12 月 9 日。

31 + 30 + 31 + 30 = 122

122 ÷ 7 = 17 余り 3　よって、月曜日

答え　月曜日

⑲ 今、母は 30 歳、子どもは 6 歳です。母の年齢が子どもの年齢の 3 倍 になるのは、今から何年後でしょう。

解き方

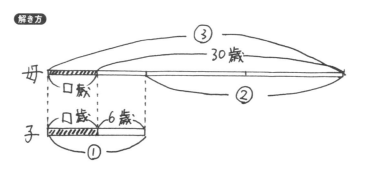

年齢の差 24 は変わらないので、図の②が 24 にあたる。

①＝ 12　となるので、

12 − 6 ＝ 6

答え　6 年後

---

⑳ ①原価 200 円の品物に 2 割の利益を見込んで
定価を [　　　　] 円にしました。

答え　240 円

②定価 200 円の品物を 2 割引きすると
売り値は [　　　　] 円になります。

答え　160 円

㉑ 原価 200 円の品物に 2 割の利益を見込んで定価をつけましたが、売れ
ないので 1 割引きにしたところ、売り値は [　　　　] 円になりました。

解き方

200 × 1.2 ＝ 240　　（定価）

240 × 0.9 ＝ 216　　（売り値）

答え　216 円

㉒ 長さ 600m の道の片側に 10m おきに木を植えます。道の両端にも植えるとすると、木は何本必要ですか。

解き方

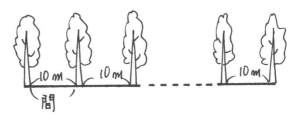

600 ÷ 10 = 60 （間の数）
両端に植える場合は、（木の本数）＝（間の数）＋ **1** なので、
60 + 1 = 61

答え　61 本

㉓ 長さ 10cm の紙テープを、のりしろをどこも 2cm にしてまっすぐに 12 本つなげました。全体の長さは、何 cm になりましたか。

解き方

（のりしろの数）＝（つなげるテープの数）－ **1** なので、
12 − 1 = 11 （のりしろの数）
10 × 12 − 2 × 11 = 98

答え　98cm

㉔ 外から中の見えない袋に赤玉が 2 個、白玉が 6 個入っています。
1 回だけ玉を取り出す時、赤玉を引く確率を求めましょう。

解き方

2 + 6 = 8

$$\frac{2}{8} = \frac{1}{4}$$

答え　$\dfrac{1}{4}$

㉕ 下図のような道があります。遠回りをしないで、
A から B を通り、C に行く行き方は何通りありますか。

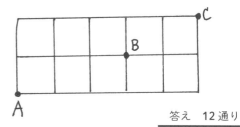

解き方
A から B が 4 通り
B から C が 3 通り
4 × 3 = 12

答え　12 通り

㉖ 姉は妹の 2 倍のお金を持っています。もし、姉が妹に 700 円渡すと、姉妹の所持金は同じになるそうです。姉が持っているお金はいくらですか。

解き方

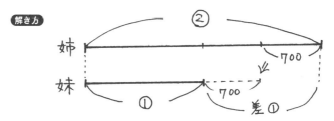

ふたりの所持金の差①の半分が 700 円なので、① = 1400 円
1400 × 2 = 2800　……②

答え　2800 円

㉗ 兄は 600 円、弟は 300 円持っていました。ふたりは同じ値段の本を買ったので、兄の所持金は弟の 7 倍になりました。本の値段は何円ですか。

解き方

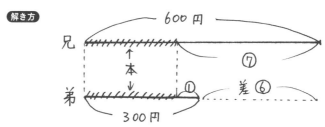

兄弟ふたりは同じ値段の本を買ったから、差は変わらないので、
図の⑥が 300 円、
300 ÷ 6 = 50 ……　①は 50 円
弟は初め 300 円持っていたので、
300 − 50 = 250

答え　250 円

 ある仕事をするのに A は 10 時間かかります。A が 1 時間にできる仕事
の量は全体のどれだけにあたりますか。分数で答えなさい。

解き方

$$1 \div 10 = \frac{1}{10}$$

答え　$\dfrac{1}{10}$

---

 200 ℓ の水がたまっている水そうがあります。この水そうに毎分 5 ℓ の
水を注ぎ入れていきましたが、水そうの底の栓が開いていたので、20 分
後に空になってしまいました。毎分何 ℓ の水が水そうの底から抜けてい
たのでしょうか。

解き方

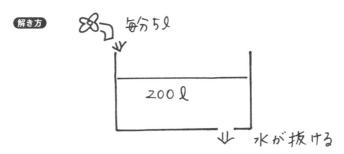

200 ℓ の水が 20 分で空になったので、
200 ÷ 20 = 10　（1 分間で減った水の割合）
1 分間に 5 ℓ ずつ注いでいながら 10 ℓ ずつ減っていたことになるので、
毎分水そうの底から抜けていた水の量は、
10 + 5 = 15

答え　15 ℓ

用意しておくと
便利なお道具

ここでは子育て中のご家庭にあってほしいお道具や、算数の働きかけを行う時に便利なお道具を紹介します。

- -

◉ 10玉そろばん　または　100玉そろばん

合わせて10などを目で見ることができます。

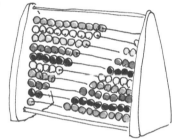

◉ おはじき

100個くらい、なるべくたくさんあった方がいいでしょう。
数を数える、物の分配など、いろいろな場面で使えます

◉ さまざまな形の積木

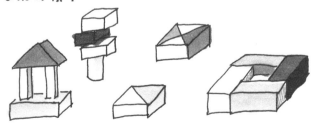

積木を上手に箱にしまうのも知恵を使います。

◉小さな立方体の積木

30個くらいあるといいですね。

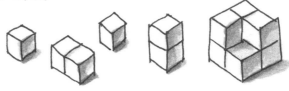

◉折り紙

正方形のものを、半分に切ると直角二等辺三角形や長方形を見ることができます。
折る、切る、短冊にするなど、いろいろと使えます。

◉三角定規

2種類の三角定規がセットになっています。算数の働きかけを家で行う場合、こう
したグッズがあるととても便利です。勉強道具としてではなく、日常のなかで遊び
感覚で身近に使っていれば、学校で使うことになる定規や分度器なども、おなじみ
の道具になっているので、安心感が違ってきます。

◉定規（短いもの、長いもの）

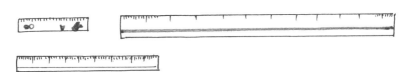

◉メジャー（やわらかい紐状のもの）
◉巻尺（スチールなどでできた、まっすぐに立つもの）

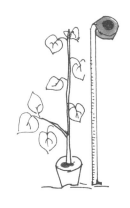

◉方眼紙・方眼ボール紙
展開図などを描く時や、展開図を切り抜き、箱を組み立てる時に便利です。

◉時計のおもちゃ
デジタル時計ではなく、針が動くようになっているもの。

◉メジャーカップの大きいもの
ジュースなど体積を比べる時に便利です。

◉ サイコロ

2個以上は欲しいです。サイコロの構造を知ることももちろんですが、出た目を足すなどの遊びもできます。

◉ コンパス

円を描いて説明する時に便利です。

◉ 分度器

角度に興味をもちだしたら、角度を測る道具として見せておきたいです。

◉ 模造紙

壁に貼ったり、テーブルクロスにしたり、覚えたいことを書いて目につくように貼っておけます。

◉ 電卓

◉ ノート

マス目のついたものがいいでしょう。図が描きやすいです。

◉ 丸いラベルシール（色つき）

数を数えたり、サイコロをつくるのに便利です。

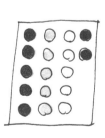

よくあるＱ＆Ａ

Q 働きかけは一日のうちで
いつやればいいですか？

A いつか、と言えば、「いつでも」です。チャンスが訪れた時いつでもです。お菓子を配る時、商店街で「３割引き！」とでかでかと書いてある時、並木道を歩いている時、いつでもチャンスは訪れます。

そのチャンスを逃さないように、いつも「心がける」ことです。子どもがおとなしくしているからとベビーベッドに寝かせたままにしたり、バギーに乗せたままでただ移動しているのはもったいないです。

算数に関することに限らず、花や虫、空の色、救急車のサイレン、目に映るもの聞こえる音、子どもを取り囲むすべてが働きかけのチャンスです。<u>座らせて勉強のようにやらせるものではない</u>ので、生活のなかでちょっと心がけることをしてみてください。

Q それぞれの働きかけに適正年齢はありますか？
難しすぎることをして成果があるのでしょうか？

A 適正年齢はありません。赤ちゃんに九九を聞かせても、２歳の子に消費税の話をしてもいいと思います。わからないからと怒ったり、がっかりしたりしなければ害は出ないはずです。<u>迷ったらやってみましょう。</u>案外にわかっちゃったりします。

（私の甥^{おい}のゆうちゃんは、教えてみると、２歳の時に消費税の計算ができました。）

働きかけは、すべてを理解しなければならないものではないので、子どもがポカンとしていても気にする必要はありません。

Q 働きかけに順番はありますか？　幼稚園までにやっておくといい働きかけはどれですか？

A 順番はありませんが、仲間分け、数唱、数の認識くらいまでは先にやっておいた方がいいと思います。得手不得手がありますので、**やさしい・難しいにこだわらずに、順番も自由に**やってみていいと思います。

Q 働きかけをしていても興味を示さない、子どもが全然反応しない、嫌がる、答えを言わない。

A まず、小さい子はクイズや問いかけに対して、何をされているかわからない、ということがあります。なぞなぞ遊びもやってみるといいでしょう。
「白くて耳が長い動物は？」
「この家で眼鏡をかけている人はだれでしょう」
など、すぐに答えられる質問からです。
また、働きかけをする時は、子どもの興味を誘うように、声のトーンを変えてみたり、ぬいぐるみを使って話しかけてみるなどの工夫をしてみましょう。働きかけはお勉強やテストとは違います。正解を求めず、話をする、耳に入れる、なんとなく聞いてみる、という感じでやりましょう。
また、大きい子は素直にのってこないかもしれません。でも、**あきらめてはだめ**です。こちらが子どもを試しているのではないこと、**間違っても怒らない**ことがわかれば、私たちの熱心な気持ちが伝わって応じてくれます。
時間はかかっても信頼関係を築くことが大切です。

Q なかなか答えない、ママの顔色を見て答えを変える、すぐに「わからない」と言う。

A 子どもは皆、「ママにがっかりされたくない」と考えます。
働きかけの問いになかなか答えない子は、「間違えたくない」「×をもらいたくない」という気持ちから様子を見ていることがあります。
なかなか答えない時は、すぐに答えを教えちゃいましょう。
「こっちでした〜」と、すぐに、あっけらかんと、正解を見せましょう。
何回でも、同じ働きかけをする、すぐに答えを教える、これを繰り返す。

そして、**働きかけは必ず、ニコニコしながら**です。子どもを試すような顔をしていると、子どもも緊張してしまいます。

また、子どもがどんな答えを言っても、オウム返しにその答えを繰り返し、「そうなのね、そう思ったのね〜」と、一度受け止めましょう。

そのあと、調べてみたり、正解を教えたりして、<u>一緒に答えを発見したようにもっていきます。</u>

子どもが正解を言った時にはハイタッチでもして、大げさにほめましょう。

とにかく、**楽しく、<u>楽しく、</u>**です。

Q 仕事をしながらの子育てで、働きかけをする時間をあまりもてません。働きかけは毎日たくさんやらないと身につかないのでしょうか？

A

忙しく時間のないなかでも、何かやらなくてはと思いこの本を手に取っていただいたと思います。そんな方は「なかなかできていない」と思っているとしても、働きかけをしようと気にしているのであれば、きっと、少しずつでもやっているでしょう。

毎日同じ時間に1つやろうと決めてみてはどうですか？

たとえばお風呂の時間、ご飯の時間などで1つくらいはできそうですよね。

毎日1回でもしていれば、1年間で365回です。

1週間に1回しかできなかったとしても、1年間で50回近くしています。

それを何年もしていたら、大きな違いが出てくるのではないでしょうか？

働きかけは、しないよりした方がいい、程度のことと受け止め、気楽に、できる時に楽しんでやってください。

Q 上の子がすぐに答えてしまう。

A

上の子はわかって当たり前の問題でも、得意になって答えてほめてもらいたがります。

どの家庭でも上の子は下の子より怒られる回数が多いのか、下の子がほめられるのが悔しい場合があるようです。

上の子がほめられたいのですから、上の子が答えたらまずは必ず、**<u>十分にほめましょう。</u>**

対策の1つとしては、別々の問題を順番に出すのはどうでしょう。

待つことも楽しめるように、バッテンマークのついたマスクなどを使うのもいいでしょう。自分の番ではない時は我慢する練習にもなります。
おりこうに待っていたら、そのことをほめましょう。
また、上の子に相談して、上の子に問題を出してもらうのもいいかもしれません。
いずれにしても、「働きかけ」では、正解を出してほめられるのが目的にならないように気をつけて、**「みんなで考えよう！」**という雰囲気でやるといいと思います。

Q うちの子は何回やっても理解できないようです。無理に働きかけをして大丈夫なのでしょうか？

A 何回やってもできないのであれば、なおさら何回もやらなくてはならないでしょう。無理にでもやらないと、将来困ってしまうかもしれません。
10回や20回、1か月や2か月やったくらいで「この子はできない」と決めてしまうのは性急です。
100回やったらできるかもしれないし、来年はわかるかもしれません。
また、違うテーマの働きかけだったらすんなりと理解するかもしれません。
「できない」と決めずに、**あせらず、のんびりやりましょう。**
また、同じ働きかけをしつこくやったり、無理やりやっているように感じても、私たちが怒ったりがっかりしたりしなければ、弊害は出ないと思います。**やらないよりはずっとプラス**になっています。
安心して何回もやってください。

Q 教え方、働きかけのやり方に自信がありません。

A 働きかけのやり方に決まりはありません。自由に工夫したり、変えたり、加えたりしてください。ママも子どももさまざまですから、その人のやり方で大丈夫です。ただし、楽しく、です。
あせらない、比べない、責めない、怒らない、がっかりしない。
これさえ気をつければ、**「日々、意識して、1つでもやってみる」**これだけで十分です。やらないよりずっといいです。

Q 夫や家族は、「そんなことしない方がいい」と言います。

A 子育ては、自分の考えをもって育てないと周囲にふり回され、いつも迷ってしまい、その結果、子どもも迷わせてしまいます。働きかけは、躾けと違い、どうしてもしなければならないことではないので、家族の方と話し合って、ご自分の考えを決めてからやるといいでしょう。

「子どもはなるべく放っておいて、自然に気づきや学びがあるのが一番いい」という考えで育てる方もたくさんいますし、それも将来が楽しみだと思います。

ただ、子どもは、**「教えていないことはわからない」**ものです。

「自分で自然とわかるようになる」には、時間がかかったりします。

働きかけを積極的にしないと決めたとしたら、次のことに注意してください。

学校に行くようになってから、もし、勉強などで子どもがわからないことが多く、点数が悪かったとしても、「教えてないのだからすぐにわからなくて当たり前」と思い、点数などによって「この子はできない」なんて思わないこと。「これから絶対わかるようになる」と思ってください。

大人も子どもも、初めて見るもの初めて習うことは、すぐにできなくて当たり前ですよね。

Q 働きかけの成果がなかなか出ないと、「意味があるのか」と、思ってしまいます。

A 親である私たちも人間なので、一生懸命やっても成果が見えない時は、やはりがっかりしてしまったり、やる気をなくしてしまうことがありますよね。私自身も何回もそう思いました。

でも、子どもは、今この瞬間にも確実に成長しています。

次はわかるかもしれません。もう少しなのかもしれません。

すぐに結果が出なくても、「今はまだ成長途中で、子育ての答えはまだ出ていない」ということを忘れずに、あきらめないで続けていきましょう。大いに期待し、結果を求めない。矛盾しているようですが、それが親の愛ではないでしょうか。**子どもにはちゃんとその愛が伝わっている**と思います。

また、なかなかわからなかったことがわかった瞬間を見ると、嬉しさも倍増です！

Q あまり先取り教育をしてしまうと、学校の授業を真面目に聞かなくなるのでは、という心配があります。

A 大人でも子どもでも、全然わからない話より、ちょっとでもわかる話、聞いたことのある話、想像できる話の方が楽しく聞けます。
子どもたちは毎日何時間も授業を受けなくてはなりません。授業内容がわかり、さらに新しい学びもあって楽しめるようにしてあげたいものです。

Q 子どもに教えたいと思いますが、学校の教え方と違う方法で教えて大丈夫でしょうか？

A 大丈夫です。学校に行くころには成長していますから、案外、「なるほど」なんて感じで授業の話を聞くようです。
ですが、家では私たちが、学校でどのように教えてもらったのか、混乱していないか、わからなくて困っていないかなど、きちんとチェックすることは必要です。
子どもがわかるように教えてあげられるのは、いつも子どもを見て知っている親の私たちだと思います。ぜひ、授業の話を聞いてみてください。

Q うちは中学受験を考えていませんが、「参考問題」にあるような問題が解ける必要はあるのでしょうか？

A この「働きかけ」は、受験のためだけにするわけではありません。**学校の算数の授業で困らないために**、と私は考えています。ですので、特定の問題を解けるようにすることを目標にはしないでください。
「参考問題」としてあげた問題例は、中学受験だけのものでなく、高校受験をするにあたってもできるといい問題です。
また、この本に「参考問題」を付したのは、**「いつかこんな問題をやる時がくる」「そのために、今この働きかけをしている」**ということを、ママたちや読者の方々に知っていただくためなので、今すぐできなくても大丈夫です。

お わ り に

生まれた日から 18 歳くらいまでに、子どもはとてつもない成長を
とげます。身体も脳も心も、毎日毎日、今日も、この瞬間も、成長
しているのです。この世界に生まれて、知識ゼロの状態から始まる
子ども（例外もありますが）は、目に映るもの、聞こえる音、感じ
たこと、そのすべてから学んで成長していきます。
そのことを思うと、私はじっとしていられない思いになるのです。
子どもたちは今、この瞬間も、何かを吸収しようとしているのです。
ぼーっとしてはいられません。もったいないのです。

私は、子どもでも大人でも、何か習えば必ず、習う前より成長する
と信じています。
特に子どもはやればやるだけ絶対にたくさん吸収するはずと思い、
その気持ちだけで、子どもに「働きかけ」をしてきました。
「結果はわからない。先の保証もないけれど、ともかく、やっておこ
う！」と。

今回、この本をつくるにあたって、30 年近く前からの子育てのこと
をたくさん思い出しました。
今、大人になった息子を見て、頑張ってきて良かったと思っていま
す。「こんな日がくるんだな〜」と、感慨深いです。
子育て中の皆さんにも、子どもが大人になる、「その日」が来るので
す。どうか、未来を夢みてください。

子どもには無限の可能性があるのです。

日頃のセミナーでは時間の関係で一部しか紹介できない「算数の働きかけ」のアイデアを存分に紹介することができました。このなかの1つでも2つでも、実践してみてください。将来、「あ、役に立ったな」という時が必ずくるでしょう。
そして、どうか、大きな愛で、この「働きかけ」をしてください。
子どもたちはその愛を受けて、のびのびと幸せに育つのです。

ごく平凡なひとりの母親が提案するこの本を、ここまでお読みいただきましたことを感謝いたします。ありがとうございました。

この本の完成までずっと応援し支えてくださり、子どもたちの未来について常に共感をもって語り合っている私の同志、木村千穂さんに心からの感謝を申し上げます。

最後に、この本を手に取ってくださったすべての方の子育てが、楽しく幸せなものになりますように、そしてこの本が少しでもお役に立ちますように、心より願っています。

田中　真紀

❖著者略歴

田中真紀 (たなか・まき)

神奈川県茅ヶ崎市生まれ。

システムエンジニアとしてＩＴ企業に勤務したのち結婚・退職し、一児の母となる。

長男が小学校1年生の時に発達障害と診断されるが、家庭でのオリジナルな「働きかけ」の方法を見つけて実践。

長男は有名私立中高一貫校に合格し、国立の大学・大学院へ進む。

わが子以外にも中学受験の個人指導を行い合格させた実績をもつ。

理解の遅い長男を育てた実体験と指導法を伝える「子育てレシピ」のセミナーを地元世田谷で毎月開催し、15年以上続けている。

著書に『子育てレシピ』（論創社）がある。

子育て算数レシピ

赤ちゃんから小学生まで！ 算数に役立つ働きかけ36

2019年12月25日　初版第1刷印刷
2020年 1 月15日　初版第1刷発行

著　者―――――田中真紀

発行人―――――森下紀夫

発行所―――――論創社

〒101-0051　東京都千代田区神田神保町2-23　北井ビル
tel. 03(3264)5254　fax. 03(3264)5232
振替口座 00160-1-155266　http://www.ronso.co.jp/

装画・本文挿画・図解イラスト―――――田中真紀
装丁・本文デザイン・カット―――――奥定泰之
印刷・製本―――――中央精版印刷

子育てレシピ

健全な脳を育む働きかけ

田中真紀［著］　　定価：本体 1,400 円＋税

四六判上製・224 頁　ISBN978-4-8460-1758-3

頭を良くする方法は「努力」だけじゃない。その前にできる簡単な方法があった！　発達障害の長男を国立大学へと進学させた著者が、その経験で得た「良い頭」を育む方法を、実体験や実践を交えながら綴る。子育てに悩み、迷うすべての親たちに贈る奇跡の脳育ストーリー。

第 1 章　うちの子は発達障害だった／第 2 章　まずは健康づくりから／第 3 章　「じゅけん」という挑戦／第 4 章　奇跡は起こった／第 5 章　良質の栄養は地頭を変える／《付録》 1　中学受験・塾・学校選び／ 2　子育て Q & A

百万母力

『お母さん業界新聞』コラム集

藤本裕子［著］　　定価：本体 1,500 円＋税

四六判上製・236 頁　ISBN978-4-8460-0869-7

情報紙『お母さん業界新聞』の名編集長・藤本裕子の辛口コラム「八面六臂」が本になった！　悩んでいるお母さん、もっともっと子育てを楽しみたいお母さん、すべてのお母さんたちに贈る、熱いメッセージ。

子育て未来地図

みんなで子育てするために母親たちがとりくんだこと

渡邉寛［著］　　定価：本体 1,600 円＋税

四六判並製・312 頁　ISBN978-4-8460-0551-1

本当にほしいものは、みんな「子育て」からみつかる。ひとりをまるごと大切に、いのちのケアの新しいコミュニティへ。母親たちの呼びかけで始まった、ある子育てネットワーク活動のケースを報告し、その理念を綴る。

論 創 社

本書『子育て算数レシピ』を読んだご感想を
小社までお寄せください。**FAX：03-3264-5232**

寄せられたご意見・ご感想は、著者へお届けします。お問い合わせなどにつきまして
は、小社または著者よりできるだけお返事を差し上げます。

お名前　（　　　　　　　　　　　　　　　　　）

お住まい（都道府県）（　　　　　　　　　）　年齢（　　　　歳）

ご連絡先（メールアドレスなど）：

《編集部より》
お寄せいただいたご感想やご意見を小社ホームページや新聞・雑誌などの広告でご紹
介しても良い場合、下記からお選びください。□の中に✔（チェック）を付していた
だきますようお願いいたします。

□名前を匿名にすれば OK
□本名のままで OK

掲載の場合、内容を抜粋・調整させていただく場合がございますので、ご了承ください。